WIN IN CHINA
赢在中国

传统企业如何转战互联网

优米◎编著

知识产权出版社
全国百佳图书出版单位

图书在版编目（CIP）数据

赢在中国．传统企业如何转战互联网 / 优米编著 . —北京：知识产权出版社，2018.5
ISBN 978-7-5130-5446-1

Ⅰ. ①赢… Ⅱ. ①优… Ⅲ. ①互联网络—应用—企业管理 Ⅳ. ①F279.23

中国版本图书馆CIP数据核字（2018）第037308号

内容提要

本书以飞贷金融为例，着眼于当下中国传统行业的转型阵痛，直面过剩时代企业竞争难题，直击企业找方向过程中的难点、痛点、转折点，还原揭示了企业从弱到强，从泥潭到独领风骚这个过程中最心酸曲折的时光以及他们使用的方法和所走的路径，真实展现了企业竞争过程的生死沉浮，深度复盘了企业从陷入迷茫到明确战略、从竞争乏力到崛起突围的全过程。

策划编辑：杨晓红		责任出版：刘译文	
责任编辑：韩冰		封面设计：卓义云天	
排版设计：书诚汇发			

赢在中国：传统企业如何转战互联网

优米 编著

出版发行	知识产权出版社有限责任公司	网　　址：http：//www.ipph.cn
社　　址：北京市海淀区气象路 50 号院		邮　　编：100081
责编电话：010-82000860 转 8126		责 编 邮 箱：hanbing@cnipr.com
发行电话：010-82000860 转 8101/8102		发 行 传 真：010-82000893/82005070/82000270
印　　刷：三河市国英印务有限公司		经　　销：各大网上书店、新华书店及相关专业书店
开　　本：787mm×1092mm　1/16		印　　张：16.5
版　　次：2018 年 5 月第 1 版		印　　次：2018 年 5 月第 1 次印刷
字　　数：300 千字		定　　价：59.00 元
ISBN 978-7-5130-5446-1		

《赢在中国》，一直在路上！

新一季的《赢在中国》开播了，距离第一季的播出，已经整整过了十三个年头。

在这个瞬息万变的大时代里，十三年的光影，足以让一家企业从初创为零到日渐繁荣，从风雨飘摇到逐步稳定，从平庸无名到气势如虹，从平凡底层到辉煌巅峰；也足以让一家企业从尽人皆知到寂寂无闻，从坚不可摧到大厦瞬倾，从昨日宠儿到杳无影踪，从辉煌蓬勃到人去楼空；足以让一个创业者从赤手空拳到财富万钟，从默默无闻到远播盛名，从单枪匹马到广聚群英，从平凡众生到奉若神明；也足以让一个创业者从豪情万丈到再无激情，从业界宠儿到泯然众生，从富可敌国到一贫如洗，从位高权重到一切归零！

○ 创业时代，谁在成为英雄？

1. 创业思维：从少数精英到普罗大众

十三年前，创业还是一个勇敢、悲壮、感性、英雄式的词语，彼时的中国，虽然在改革开放的不断深入下，涌现出一大批成功的企业和企业家，但是真正拥有创业思维的还是少数，真正从事创业行为的，也是少数群体。那个时代，在大众的心里，创业者或企业家是一个特殊的群体，他们是勇敢、冒险、英雄的代名词，同时也是财富、名利、老板的代名词。社会对企业的态度，是远观；而大众对创业者和企业家的态度，是仰视。

今天，在"大众创业，万众创新"的社会大背景下，大众的创业意识已经形成，创业行为不断发生，创业英雄不断涌现。他们的故事激励着每个不甘平庸的创业者。社会的创业行为已是常态，创业者或企业家在人们的心中已经不是往昔般的既定标签。此时社会对企业的态度，是透视；而大众对创业者和企业家的态度，是平视！

2. 创业群体：从江湖老成到少年英雄

十三年来，创业者群体也在发生变化。之前，传统的创业者，要么是在国企奋斗半生，已经积累了大量人脉资源、渠道资源，深知行业规律和业态发展方向的企业高管；要么是凭借个人奋斗，拥有了丰富的经历、资历和阅历的成熟人群；要么是早已下海经商，已经拥有大量资金储备、人员储备和资源储备的，抱着转型心态重新创业的企业家。

今天，互联网造就了一大批乘势而起的创业者和企业家，在互联网思维下的时代大势里，创业者或企业家的形象在不断地被颠覆。一个个创业的少年英雄，颠覆着人们的认知，他们用自己的创业故事，或激励或警示着正在创业和想要创业的人们！

○ 互联时代，谁在改变企业？

1. 由强大个体到布局生态

互联网在改变着整个时代，在互联网大趋势下，企业的环境也面临着前所未有的变化。

之前的传统企业发展思维，是以企业或行业本身为主体的纵深发展，这样的思维是强调强大的企业个体。成为一个拥有巨大核心竞争力的独角兽企业，是立于竞争不败的唯一路径。

而互联网时代，这一思维逐步被打破，只强调个体的强大，最多只能在行业内占有优势。但是，互联网让企业的竞争变得更加残酷、更加未知、更加迷离。因为，你根本不知道你的对手是谁。今天通过残酷拼杀在业内打下的半壁江山，有可能一夜之间，被另一个想象不到的行业所颠覆；今天还在被众人膜拜的企业模式，有可能一夜之间被翻盘；今天还在学习的发展模式，有可能就在学习的过程中被逐渐淘汰。

2. 由互联思维到智能区块

对企业而言，互联网只是一个阶段，互联网思维也只是一个时代催化出的衍生思维，在漫漫历史长河中，企业不会因为与互联网的高度融合而高枕无忧，也不会因为在互联网时代的领先地位而止步不前。因为，时代，在不断向前！

区块链、人工智能等一个个在时代语境里凝练出的新技术、新思维，使当下的企业面临着一个更精深、更技术化、更具挑战性的全新时代，驱使着当下的企业，唯有不断地跟着时代大势，学习、求变，更新、更快，才不会被淘汰。

○ 过剩时代，谁能赢在中国？

如今，我们身处一个过剩的时代。在这样一个时代里，大量企业面临前所未有的竞争困境，企业家如何才能实现突围、随势而变，最终赢在中国呢？

为此，2017版《赢在中国》对这一问题进行了深刻的思考，并展开了深度的讨论，本版《赢在中国》每集涉及一家企业，真正撕开了企业转型升级的横断面，直击企业在探寻发展方向路途中遇到的难点、痛点、转折点。

本书就是2017版《赢在中国》节目之《传统企业如何转战互联网》的精彩呈现。

在这里，我们可以看到：

在残酷的竞争环境下，企业家如何展现自己的责任与担当，让企业在竞争中坚持坚守，不忘初心！

在多变的市场环境中，企业家如何彰显自己的理性与灵活，让企业在变化中纵横捭阖，灵活应对。

在艰难的企业决策中，企业家如何运用自己的睿智与果断，让企业在应对中挥洒自如，成功转型。

在困难的层层压力下，企业家如何运用自己的坚毅与顽强，让企业突出重围，稳步前行。

同时，我们还可以看到：

企业家刚毅、冷峻外表下的温润与情怀，坚实、果敢外表下的热血与豪迈，坚韧、不屈外表下的细腻与温情，热情、奔放外表下的孤寂与无奈。

我们看到的不仅仅是脸谱化的企业家形象，而是有血、有肉、有个性、有真情甚至有缺陷的平凡个人；我们看到的不仅仅是成功转型、光鲜亮丽的企业形象，而是有过困惑、徘徊甚至有过危机的企业形象；我们看到的不仅仅是一个个精彩纷呈的企业故事，而是真实发生、鲜活生动甚至波谲云诡的企业案例。

● **这本书适合：**

满怀激情、执着拼搏的创业者，在这里你会发现：真正的成功，不是功成名就，而是未忘初心的坚守！

不甘平庸、渴望晋升的上班族，在这里你会懂得：真正的晋升，不是位高权重，而是不断拼搏的过程！

陷于困境、面临转型的企业家，在这里你会领悟：真正的转型，不是盲目迎合，而是顺势而为的行动。

愿这本书能够给你答案，成为你的指路明灯，伴着你一路前行！

策划编辑：杨晓红

第一章

为何放弃国外身份回国创业

创业是自己内心的一种选择。

王利芬：我们现在把时间倒回 2008 年的创业，因为那个时候你们从众安出来，最开始要做贷款这件事情，你们是怎么样开始的？

唐侠：实际上创业这个事，在我的生命里应该是从 2009 年开始的，但是这个创业坦率地说不是我选择的，是我的团队里面的某几位起到了关键性的作用。

那个时候我在国外，我是众安的股东、众安的管理层，虽然不是全职的管理层，但是我回来的时间还是蛮频繁的，每次我回到国内的时候，他们有诸多的想法去跟我交流。其中有两位，一位叫楚涛，一位叫车勇，这是我创业团队里两个非常重要的人物。**在这两年时间里，我们不断地去激发共同创业的想法。做了一些初步的评估之后，我们认为有能力组建起这个团队，有能力去应对当时的那种创业环境和竞争环境**。所以在 2009 年 1 月，我从加拿大回到了中国。

王利芬：那时候你已经移民加拿大了吗？

唐侠：是的。

王利芬：那你现在又变回中国公民了？

唐侠：我放弃了加拿大所有的身份。

王利芬：你刚才说团队架着你创业？

唐侠：是的。

王利芬：**我觉得创业是自己内心的一种选择，** 旁边的人的作用能有那么大吗？

唐侠：我认为是这样的，首先他们在感召我，**当然感召的基础一定也是基于我内心的一些理想，只是我自己不承认而已。创业的理想可能一直存在，只是我没有合适的机会去激发我的行为，** 他们的需要又正是我能解决的，而我又觉得这个是我非常享受的。

王利芬：七年前你在加拿大，如果你不创业，你该怎么度过你的后半生？

唐侠：我可能会做一个自由投资人，一边享受生活，一边享受我的投资生涯，不会去走实业这一步。

王利芬：当时已经在投资了？

唐侠：是的。

王利芬：其实这种生活也挺好的。

唐侠：是的。

王利芬：这种生活你过了多久？

唐侠：从 2005 年到 2009 年，四年。

王利芬：四年就过不下去了？

唐侠：过得下去。

创业是自己内心的一种选择。

王利芬：过得下去其实可以继续过呀？

唐侠：是的，可能这跟我的性格有关吧，内在的东西是存在的。

如果让我理性去选择，我不会选择创业这条路，但是有一个导火线，那就是因为我欣赏的这一些团队成员都有这样的想法，而他们都认为我能带领他们一起往前走。

我觉得这是我的一个虚荣心吧，在这种虚荣心的推动下，我很愉快地接受了他们的邀请，同时也成为这个创业团队的带头人。

王利芬：你自己总结说是虚荣心？

唐侠：是的。

王利芬：如果那个时候是虚荣心，我觉得现在应该不是了吧？

唐侠：是的，这里面也经历过几次演变，您刚才问到初始创业，我回答的就是最真实的一面，它就是这么真实。

我确实没有很强烈的创业的冲动，确实是顺其自然，导火线是创业团队的几个关键人物，也确实是我们一起来创业，他们推举我做带头人，我也觉得有一种满足感。但是后面经历了七八年，从 2009 年算起的话是八年，除了满足感，还是有一些很难

> 如果让我理性去选择，我不会选择创业这条路，但是有一个导火线，那就是因为我欣赏的这一些团队成员都有这样的想法。

熬的时候。

王利芬：还不如回去过那种日子呢，有这种感觉吗？

唐侠：中间有，但现在不这么看。**当遇到很多困难、很多波折的时候，我会经常有这样的念头，是不是能回去最好？是不是能快速地把这个团队交给更好的一个平台，我自己能脱身最好？**

王利芬：第一次有这样的想法发生在什么时候？

唐侠：实际上**从创业的第一天开始就并非一帆风顺**。如果让我去回忆的话，我认为可能是第二年就开始有这样的想法了，应该是从 2010 年我们正式在中兴微贷的平台上创业并始。

2011 年的时候，我们就遇到了很多麻烦，也遇到了很多挑战，这里面最大的挑战就是跟股东、董事会关系的处理。遇到这些情况的时候，往往**一个专注于业务、专注于创业的团队，是非常不愿意去接受创业之外的这种所谓的环境**，那个时候还没有政策环境、法律环境、监管环境，而是内部的股东环境、董事会环境。

王利芬：你当时为什么要找中兴通讯这家公司呢？能不能找一个不需要国企帮忙就可以创业的金融服务领域？那样完全不行吗？

唐侠：完全不行。跟中兴也是一种缘分，我们

一个专注于业务、专注于创业的团队，是非常不愿意去接受创业之外的这种所谓的环境。

这个创业团队当时在深圳市的微金融领域里面还小有名气，在深圳市范围内他们还是把我们当成一个标杆的团队。我们在创业过程中遇到很多问题的时候，深圳市政府的一些相关领导很爱惜这个团队，所以他们出面把我们的情况跟中兴集团沟通了，希望有新的投资进来，希望有涉足于微金融领域的投资，把我们双方进行了撮合。

王利芬：政府做的一个撮合？

唐侠：对，这是第一。第二，撮合的背后也是有原则的，就是如果不按照政府审批的这些硬性要求，即使双方合作得再好，也不会审批。毫无疑问中兴在深圳市是一个标杆性的企业，而它也有这个想法，同时我们的团队也有创业的这个想法，我们那个时候最大的障碍就是找不到一个发起人。

王利芬：国家硬性要求？

唐侠：对，硬性要求。

王利芬：因为**你的创业解决的需求痛点是贷款？**

唐侠：是的。

王利芬：所以必须要有国资的背景在里面？

唐侠：是的。

王利芬：我还是想了解，比如说你在加拿大过的是散淡的投资人的生活，又移民了，别人激发了你一些动力，然后别人把你弄成头儿，说"头儿，你得领导我们，就你有这样的本事，要没你，我们可能都创不了业，就得你来领导我们"。

这个时候可能会有虚荣心，但**真正激发你一定要回来创业，一定要背水一战的，到底是什么东西？**因为这个事情可能你爱人也未必同意，你们的整个生活会完全不一样，**真的是虚荣心就能解释这个问题吗？**

唐侠：这里面如果要往下分析的话，我个人认为是我看到了我们所在的前一个平台，也是做微金融的。它的股东背景更高大上，它的团队更豪华，但是实际上我们在参与整个运营的过程中，发现**表面的豪华、表面所有的这些长项，实际上未必能转化成一个有效的成果。**

王利芬：你说的是众安？

唐侠：是的。他们那边聘请的顾问团，整个高层团基本上是来自东南亚的那些大机构，这些大机构的高管进来以后要形成一种合力，非常困难，这是第一点。

第二点，**中国本土成长起来的这些团队，在他们的眼里并不是一个有未来的团队，而我跟他们的看法不太一样，这就是我可以去跟这些70后、80后的中国创业团队一起创业的原因。**我们现在的创业团队，过去是在那个平台上，因为我能看到他们这种底层的欲望、他们的进步、他们的能力，所以我觉得这就是后来整个团队想证明自己的原因，真的不要看它表面的豪华，不要看它的股东背景多么高大上。

王利芬：我们能比它做得好？

唐侠：我们一定可以比它做得更好。除了我前面讲的那种所谓的虚荣心之外，这可能就是当时真正激发我们的一种战斗的斗志，一种被激发了的斗志。

王利芬：我觉得这个可能是比较有说服力的。

当你在加拿大的时候，你觉得你人生混到那一步，实际上在中国人里面属于衣食无忧的了，而且你也做到了最高的那个，你做投资人，做金融行业的投资人，你的薪水、你的生活标准都高于普通的中产阶层，**那个时候你觉得你人生设定的目标达到了吗？**

唐侠：阶段性肯定是达到了。我也曾经很满足过，我 39 岁就相当于半退休，只是不去做固定的工作，而是去做股权投资基金。

但是经过几年的这种生活，坦率地说，要去比较的话，**我更享受现在的这种酸甜苦辣都有的生活。那时候的一帆风顺和风平浪静，其实跟现在比较起来，我觉得完全是不一样的东西。但是我更愿选择**

现在的生活，虽然中间有那么多苦，有那么多挑战，但是我觉得这个过程是很美好的。

王利芬：这个话还要用十年来证明。

唐侠：是的。

第二章

如何找到差异化的创业商机

随着互联网技术的发展和经济全球化的趋势，消费者任何一项需求都会被世界各地千千万万企业争相满足。在任何行业只要有利润信号释放出来，竞争对手就会像鲨鱼闻到鲜血一样，蜂拥而至。任何一个创新模式或技术一旦成功都会被无数追随者抄袭，引发行业价格战，使蓝海立刻变成红海，进而成为血海，最终没有人能够从这个市场中赚到钱。

王利芬：我在想，那个时候你创业，为什么一定要进入实业？大家都知道进入实业真的是非常辛苦，你做一个 PE 基金、投资基金，这种创业不是非常散淡的，一般人在人近中年的时候，应该会做一个相对稳妥的选择，而你相当于撸起袖子自己干了。

唐侠：是的，实际上上一个平台众安，我就是用投资者的身份进入的。我可以不用坐班，一年通过飞几次就可以很好地处理好我的业务和投资。可能就像刚才说的两个方面，第一个是觉得团队有这样的需求，第二个我觉得我们可以做得更好，所以才会这么选择。**现在也说不清楚到底是什么原因了，但是就是这样选择了。**

王利芬：最开始的时候，遇到了什么样的难事？

唐侠：在创业的初期，实际上**我们只有一个目标，就是要给那些无法从银行获得融资的个人提供融资的可能性。**其实这个范围跟我们现在的范围是非常不一样的。现在看来它是一个非常窄的范围，那就是你在银行得不到这样的贷款，我们可以提供一个可能性。**那现在不一样了，现在是无论你得不得到这个融资，我们都要给你一个极致的体验，我们要给你一个随借随还、随时随地的融资权。**

> 我们要给你一个极致的体验，我们要给你一个随借随还、随时随地的融资权。

王利芬：给人家贷款，让没有钱的人贷到款，这件事情为什么和你相关联得那么密切呢？你为什么要干这个事呢？就这个事能干吗？或者只有这个事情才是一个创业的起点吗？

唐侠：因为我做了快 30 年的金融了，原来是做大金融的，后来又转投资、证券，其实也是做金融的。实际上我早期以投资者身份进入到微小金融的时候，我是非常不认这个领域的，那干的是脏活累活，投资成本高，风险大。

王利芬：那是银行都不愿意干的？

唐侠：是的，银行是不愿意干的。我也是从银行出来的，那自然我也会有同样的想法。我要是那个时候不是以投资者的身份进来的话，我对这个行业是一概不知的。但是我作为投资者身份进来，可能会有一个非常好的过程令我能真正认识这个行业。那就是当时进来之后，为了帮助解决上一个平台的一些难题，令我能沉下心来去跟真正的大投资者进行交流，**跟国际上的一些成熟的投资者一起去看他们的历史、成功的经验和失败的教训，发现原来这里面蕴藏着大量的商机。同时它的社会价值也凸显出来了，那就是真的可以为很多有需求的，但是得不到满足的用户带来一种不一样的服务，这是在过去几十年的金融行业里面看不到的服务。**实际上原来确实是没有触碰到，那么这里面的竞争告诉我们，这是一个空白地，对中国来说是一个空白地。

王利芬：你做了几十年的金融领域，你都是甲方，乙方是需要贷款的人，你说为他们做贷款的时候，你脑子里面有没有活灵活现的几个用户，是你想给他们贷款的这样一些原形，有吗？

唐侠：非常多，原来我在银行做过支行行长，也做过处长。在信贷这个领域里面，我们接触的客

跟国际上的一些成熟的投资者一起去看他们的历史、成功的经验和失败的教训，发现原来这里面蕴藏着大量的商机。

贷款给真正的微小企业，成本极高，责任极大，风险也高，因此往往这些中小企业、微小企业主的个人信贷得不到满足。

户是非常多的，实际上它所能满足的客户群体是非常窄的，首先大宗业务是大家的必争之地，但是从银行的角度来看，**贷款给真正的微小企业，成本极高，责任极大，风险也高，因此往往这些中小企业、微小企业主的个人信贷得不到满足**。那么我们会用很多的数字去验证我们的这个结论。实际上过去在银行大金融领域里面，最多的个人信贷就是房屋按揭贷款，但是那个时候还没有消费信用贷款，还没有消费金融这个说法。所以在二零零几年的时候，个人信贷得不到满足的现象比比皆是。

王利芬：你脑袋里面有这样的人吗？

唐侠：中国在改革开放的过程中，逐渐发展起来的比例越来越大的群体就是中小企业者，中小企业者里面人群最多的就是那些个体工商户。

王利芬：有你熟悉的人吗？

唐侠：这个倒没有。

王利芬：有你认识的人吗？

唐侠：没有。

王利芬：就是在你的脑海里那些得不到贷款的形象，是没有一个具象的人的，你看到的只是数字？

唐侠：对，都是一些间接经验。我们会接触到很多这样的人，因为深圳是一个经济非常活跃的城市，它的经济形态是多种多样的，那些做小生意的人在我们的生活中比比皆是。当我们看到这些人时，实际上以我十几年的银行从业经验就可以知道，这些人从银行根本得不到任何的融资。所以我觉得这是一个机会，首先我以投资者的身份接触到这么一个行业，**从不认同到认同，再到后面敢于创业，带领他们专注于这个领域去创业，确实是花了几年的工夫的。**

王利芬：所以更多的是一种商机的选择，以及弱点的攻击，你的创业是这种信号的创业？

唐侠：是的。

第三章

如何与强势的国企谈股权

即使再苦再累，在经营管理过程中遇到了那么多挑战，我们都能苦中作乐，唯独不信任带来的不平衡、掣肘，才是让我们最痛苦的。

王利芬：当时要跟你们合作贷款业务的是中兴通讯母公司还是它的一个子公司？

唐侠：是集团公司跟我们合作的。

王利芬：与集团公司合作的？

唐侠：对。

王利芬：它占多少股份？

唐侠：它占 56.2%。

王利芬：基本上是它控股。你们有点像给他们打工的意思吧？

唐侠：是的。

王利芬：你们当时对这个股份有争论吗？

唐侠：争执得非常厉害。

王利芬：你希望是多少？

唐侠：我希望我们是 70%，他们是 30%。

王利芬：那为什么最后还是这个局面呢？

唐侠：这是一个很好的问题。早期的时候按照深圳市的规定，作为主发起人，只要满足一个条件，那就是股份不得低于 30%。刚开始我们谈得非常好，只要能满足这个条件，我们就按照这个标准配合来做。

王利芬：那 30% 就好了嘛。

唐侠：对，但是中间发生了多次的变化，这个变化来自于中兴集团跟我们团队的三轮接触后。

王利芬：在接触中发现你们的团队不错？

唐侠：对，发现团队很好，技术、从业经历和市场都不错，他们很放心，他们是强势的，而且他们知道我们的弱点。

王利芬：**你们的弱点是你们想做这件事？**

唐侠：对，他们觉得我们想做，他们提出的条件我们必须同意。那么从刚开始的 30% 变成了51%，第三次接触后又变成了 70%。这个时候我们的团队不干了，开始往回拉，结果就拉回到了56.2%。

当时我们团队在这个问题上有非常多的挣扎，也曾经想过放弃，但是他们确实抓住了我们的弱点。

王利芬：**其实对于创业企业，如果开始就有一家一下子占 56.2% 的股份，那么这家创业企业可以说从一开始就患上了轻度癌症，你们当时有意识到这一点吗？**

唐侠：坦率地说公司一开业我们就已经有这方面的意识了，只不过刚开始我们倒没有从这个角度去看，**因为这是一个没得选择的选择。**

王利芬：没得选择？你们当时不是可以换一家合作吗？比如华为。

唐侠：但是**那个时候可能没有这样的姻缘。**华为想不想做，有没有这样的想法和需求，我们一概不知。而且我们还是很珍惜像中兴这样级别的企业，双方能谈到这个地步，我们是不想轻易放弃的。

当时我们团队在这个问题上有非常多的挣扎，也曾经想过放弃。

实际上虽然我们妥协了，从 30% 到 51%，再到 70%，到最后拉到了 56.2%，但是我们还是做了一些努力的。

王利芬： 这个时候是他们拉你们吧？

唐侠： 是的。当时我们做了很多限定，我们也不是无底线的，我们团队的底线是基于管理和董事会的这种安排，我们要在协议中做详细的安排。不可以派管理层，所有的权限都必须在董事会的层面上解决，而不可以干预我们所有的经营活动，在这一点上我个人认为中兴做得是合格的。虽然后面我们有更高要求、遇到更多困难的时候，双方有一些摩擦，但是总体来说我认为中兴在这个方面做得是合格的。

王利芬： 他们占 56.2% 的股份占了多久？

唐侠： 不到两年。在第一年的时候，我们的团队就尝试着不断地找增资。经过几轮的增资，中兴的股份就由 56.2% 降到了 51%，后来又降到了百分之四十几，最后他们退出的时候降到了百分之二十几。**中间的过程非常曲折，但我们团队的决心越来越大，当然投资和股权限定的环境也越来越宽松。**

在这种情况下，我们的团队一直追加投资，我们用更高的价格来提高我们的股份比例。我们认为如果这个方面的问题不能够真正得到解决的话，未来这个肿瘤会长得越来越大，不管是中兴还是华为，或是其他的投资者，我认为这是一个共性的问题。

中间的过程非常曲折，但我们团队的决心越来越大，当然投资和股权限定的环境也越来越宽松。

王利芬：这件事情其实耗费了你在创业中非常大的精力。

唐侠：不夸张地说，在前三四年花了我近50%的精力，最少的时候也没有低于30%的精力。最初那三年**真正令我痛、让我感到非常气馁的事也是来自于这个方面，甚至想放弃时也是因为这个方面。**

王利芬：你因为这个事情拍过桌子吗？

唐侠：拍过桌子。

王利芬：直接跟中兴的人拍桌子？

唐侠：是的。

王利芬：能描述一下是怎样的场景吗？我觉得敢跟国企拍桌子蛮有意思的。

唐侠：是的。我是一个非常有原则的人，在早期的时候，如果触碰到了底线，我会毫不犹豫出手的。**在我们创业第一年的时候，因为一些理念之争，比如已经约定的一些不可更改的条件，或者是一些条件被突破得太厉害，我们会在沟通的过程中据理力争。**

我们的第一位董事长当时也是中兴集团的总裁，在跟他合作的过程中，一定会有理念之争。**因为我们代表专业团队，他们代表所有者团队，我们是创业者，他们是职业经理人。**

王利芬：利益不一样。

唐侠：争执得最激烈的时候，我可能会直接挂他的电话。但也**正是因为这些个性的张扬、底线的不可突破，以及团队态度的表达，为我们后面争取了无限的空间，使他们对我们的团队产生了尊敬。**

王利芬：你拍桌子的那次是为什么而争？当时是什么情形？

唐侠：是因为他们派了人，原本我们约定是不能派人的。

王利芬：他们派了什么人？

唐侠：派了财务总监。

王利芬：能够想到是这样的。花多少钱需要财务总监批？

唐侠：是的，全部。

王利芬：全线覆盖，后来派了吗？

唐侠：派了，但是约定最终还是由我说了算。我考察了这个所谓的财务总监，我认为这是一个合格的财务总监，那么我们也做过一些约定，就是在经营管理上，到底是听谁的？我是要求她离开中兴团队的。

王利芬：你要把她变成你们的财务总监？

唐侠：是的，而且我告诉她，她来了之后必须按照我们创业团队的所有标准来融入所有的经营活动和管理，这可以算是做了一些妥协。但是我也告诉了董事会和董事长，如果我认为这个财务总监不合适，我有权利随时可以开掉。

正是因为这些个性的张扬、底线的不可突破，以及团队态度的表达，为我们后面争取了无限的空间，使他们对我们的团队产生了尊敬。

王利芬：这个财务总监后面情况怎么样？

唐侠：非常合适，她是一位我非常尊重的老大姐，有多年的财务工作经验。我尊重她的专业，同时也尊重她的人品。

王利芬：她现在还在公司？

唐侠：还在公司，是我强力挽留下来的。

王利芬：那当时你为什么拍桌子呢？你不希望他们派人，但他们非要派？

唐侠：对，因为这件事本来就打破了我们原有的约定，而且是在我们开业后业务最繁忙的时候，如果这个时候还要再去打破过去已经约定好的事情的话，坦白地说对团队的伤害是很大的，这是其一。

其二，实际上从团队的整个布局来看，我心目中有一个非常合适的候选人，就是李晓芹，她现在是我们的首席财务官，这样会打破我整个的管理，团队的整个分工要发生变化，我要做无数的调整，还要和团队成员进行沟通和解释。坦率地说，我认为在做业务的过程中这些事都是非常没有价值的。

王利芬：一听说给你派财务总监，你应该是火往上蹿对不对？

唐侠：是的。

王利芬：**因为第一点是打破了以前的约定，第二点表明他们有些不信任你们，这个信号非常明显。**

唐侠：是的。

王利芬：最后你还是妥协了，他们还是派了财务总监。

唐侠：**最后采取了折中的方式。我保留我的否决权，他们也有所调整，如果我们实在觉得不合适要换人，要拿出充足的理由。**

王利芬：公司成立了多久派的首席财务官？

唐侠：还不到半年。

王利芬：为什么他们最开始没有派人呢？

唐侠：刚开始他们是以筹建者的身份，当时谈得非常融洽，他们说一个都不派，而且是白纸黑字写好了。但是在后面的筹建过程中，他们说"我们能不能派一个人？可以帮你们解决一些筹建中的问题，因为我们毕竟在深圳市有很多资源，同时在专业上也能帮助你们"，我当时是很乐意的，那时是以筹建者的角色来学习和支持的。

王利芬：后来他们要把这个人物转换成你的财务总监，你是这个时候拍的桌子？

唐侠：是的。

王利芬：他们后面还是做了一些妥协的，设置了一些限制条件，人也进来了，但是没办法限制你的日常经营活动。

唐侠：是的。

王利芬：如果财务方面有所限制，那你们基本上就完蛋了。

唐侠：是的，在创业团队里面有这位老大姐是非常幸运的，她确实给了我们很多帮助。在中兴集团退出股权的时候，她是应该回到中兴集团的，但是她跟我们一起走了六年，做了很多努力，我们的团队非常一致地想挽留她，希望她能跟我们的团队一直走下去，直到她退休。虽然这个过程很艰辛，但是我们一直是她的坚强后盾，跟当初的那个情形是截然相反的。

王利芬：这是后话，因为在开始的时候，你们心里还是有所抵触的。

唐侠：是的，这是一定的。

王利芬：总觉得这是派来监视你们的人？

唐侠：嗯，**实际上矛盾都是信任的问题**。我相信那时候不只是中兴微贷遇到了这样的问题，**如果创业企业都是这种组成结构的话，出现这种问题会是大概率事件。**

王利芬：中兴公司，这个大股东，从开始股份的配比，到财务总监的派出，再后面还有整个战略模式的选择，这个东西其实耗费了你们非常多的精力。

唐侠：其实前三年对我来说，最痛苦的也是这一点，我们的团队最清楚，**我们即使再苦再累，在经营管理过程中遇到了那么多挑战，我们都能苦中作乐，唯独一个苦中没有乐的事就是跟大股东方和董事会的这些纠纷、不信任带来的不平衡、掣肘，才是让我们最痛苦的。**

不信任带来的不平衡、掣肘，才是让我们最痛苦的。

坦率地说，我现在回忆起来，**如果说有几次萌生退意，甚至我已经在跟团队交流退意的时候，实际上所有的情绪都跟不被信任这个事有关**。还有泪水，也是因为这个事而流的。

王利芬：徐总说你原来也流过不少次眼泪，那有中兴导致的流泪吗？

唐侠：是的，**无奈，觉得没有价值和成就感**，觉得团队很被动。

王利芬：事实上他们占 56.2%，快接近 60% 了，你们的团队有一点期权解构的感觉了，像是在打工。

唐侠：坦率地说是这样的，刚开始股权的这种安排我们也认为是不合理的。实际上我们的团队是准备了钱想按照我们的组织结构去设计和安排投资的。当面对这种情况的时候，我们想的更多的是不要错失这样的机会，因为政府在那个阶段放出来的牌照是非常有限的，同时也是有时间窗口的，所以我们做了大量的准备工作，后面我们用了很多方法去挽回，比方说我们宁愿花几倍的价格去再增持。

王利芬：当时中兴通讯有这样一个小贷的牌照？

唐侠：它是随时可以批的，如果没有它是批不到的。我们曾经想过无数的可能性，比方说我们去跟政府沟通，可不可以不找深圳的这种符合要求的企业，找同样的但是在异地的企业，其实原来是有这种先例的。但是随着牌照越来越难批，我们就越来越珍惜这个机会，我们认为这个时间窗口会关闭，所以做了很多妥协。好在我们后来抓住了很多的机会，不断地增持，才会使得我们的团队在今天成了一个大股东。

第四章

飞贷怎样从国有银行取得第一桶金

每个商业模式都会有一个至关重要、决定胜负的点，企业家的责任就是把这个点找出来，然后盯死它，把这个点做到极致。

王利芬：公司开业后，中兴占 56.2% 的股份，你们大概只有 44%，**为 44% 而奋战的原因可能还是想证明自己**。开业后要贷款给别人，这时的钱是谁出的？

唐侠：实际上当时我们的胆子是非常大的，我们认为一个亿的注册资本金可以令我们坚持半年。

王利芬：实缴到位了吗？

唐侠：实缴在开业之前就到位了。

王利芬：那你们的钱都是从哪来的？

唐侠：全部是我们自己的。

王利芬：因为你们跟别人不一样，你们当时已经是小富的一群人了，还是有钱的。

唐侠：是的，我们不是二十多岁的小伙子了。

王利芬：那也是四千多万呢。

唐侠：是的。

王利芬：实缴资本多，因为那个时候抽逃资金是要翻倍的？

唐侠：是的，您说的很对。我们每一步的增资都是实缴资金全部到位或预先到位。

王利芬：他们也到位了？

唐侠：都到位了。

王利芬：这个时候你拿着一个亿去贷吗？

唐侠：是的，因为对小额贷款公司来讲，那个时候做放贷资金融资是有非常严苛的条件的。按照那个时候的规定，最多可以向金融机构融得 50% 的流动资金，来用于自身的运营或者放贷，也就是说一个亿最多能融资五千万，我们认为当时的一个亿可以坚持一段时间，但是更多的信心来自于我们认为可以"撬开"银行的大门。

王利芬：中兴通讯是大股东，它应该去撬啊。

唐侠：是的，但是中兴通讯没有这样的职责，中兴通讯投资这个企业是因为看重我们的团队，而不是想用资金和能力来帮助我们。我们团队中有大量的人都有银行的从业经验，所以刚开始的时候我们不认为不可以顺利地"打开"银行的大门。

王利芬：中兴通讯只是因为有拿到牌照的能力而成为握有控股权的大股东，但是后面并没有出大力来为公司提供所需要的资金？

唐侠：没有。

王利芬：后来从来没有过？

唐侠：客观地说，当我们出现一些阶段性困难的时候，中兴是给过一些帮助的。因为中兴是一个大国企，用它的自有资金为我们短期内提供一两个亿的流动资金不是很困难的。这个时候他们还是提供了很多帮助的。但是实际上这不是一种商业模式。我认为靠这样的方式去经营企业是没有未来的，而是要靠利益各相关方去平衡好他们之间的交易结构，我们一直认为靠着大股东去做这些事不是长久之计。

> 经营企业要靠利益各相关方去平衡好他们之间的交易结构。

王利芬：但是在开始的时候，对于一个放贷公司的信任度来说，有一个大国企在里面，是不是有一些背书功能？

唐侠：有。坦率地说这个是给我们加分的，但是我个人认为我们没有充分利用国家给的牌照背后的一些资金规则，就是从创业到现在我们就没用到50%的规则。

王利芬：没有去用那五千万？

唐侠：没有用。

王利芬：你直接去"撬"你的老东家——建设银行？

唐侠：是的。实际上我们对于怎么去做是做过很多分析的。**在所有利益关联方里面，我们运用的是"共赢"的原则，就是分析他们缺什么，我们能给什么，如果我们合起来做了这样一个商业模式，我们是不是能共赢。**

顺着这种想法，我们一版一版地做计划和说明，使银行的专家认为我们不是来寻求帮助的，而是来共同开发的。这样可以满足更多的用户，同时银行可以通过这个平台获得更多的潜在客户。我们当时跟可能会合作的银行把大、中、小的利益点讲得很清楚，从逻辑上、算法上、利益上都讲清楚。当然我们很感谢做"第一个吃螃蟹的"建设银行。

王利芬：是你以前的上级吗？

唐侠：谈不上上级，是过去认识的。

在所有利益关联方里面，我们运用的是"共赢"的原则。

王利芬：你亲自去讲的？

唐侠：是的。

王利芬：当时是一个什么样的场面？你给人家讲算法、风控，把他们可能感兴趣的事，比如银行把消费信贷给你做，功绩算银行的，你们在中间保证无风险，相当于银行给贷款，所有的事你们来做，你们把这个说清楚了，人家的反应是怎样的？

唐侠：我是一个不太会搞这种关系的人，实际上就像您刚才说的，**我们往往是直接登门去谈，而不是通过约饭局或其他方式来谈的。**

王利芬：直接在会议室谈？

唐侠：是，我们直接去银行找各个相关部门的领导，阐述我们的整个方案。

王利芬：先找的哪个部门？

唐侠：**第一是要找落地的部门，**当时叫分行营业部，因为分行营业部是一个创新性的、有可能做得很大的一个部门。当我们把分行营业部联通了之后，后面还有很多的管理部门、风险部门、法规部门、创新部门，我都得一个一个地去说，可能还会去跟一些分管领导说。

王利芬：一个银行要说好几遍？

唐侠：说 N 遍。

王利芬：不能把他们召集到一块儿说？

唐侠：偶尔会有这种情况，但是大家要知道，银行往往是甲方。

王利芬：说了多少次才拿到了第一笔贷款？

唐侠：很幸运的是，从 2010 年 10 月开始，到 2011 年 3 月，我们终于有了初步的意向，就是可以做。到 2011 年 5 月跟银行的这种衔接开始正式上线。

王利芬：那个时候你们一个亿的贷款贷完了吗？

唐侠：贷完了，非常幸运的是，衔接得非常好，否则我们就要用流动资金 50% 的贷款了。**但是如果没有这种模式上的共赢合作，50% 的资金也会很快用完，这个企业实际上是没有生命力的。**

王利芬：没有上头的源头？

唐侠：是的。

王利芬：因为你原来是从建行出来的，最开始你去找建行的时候，用没用你的那些老关系？

唐侠：在建行的问题上，最大的便利是我们进银行的大门比别人来得快，但实际上背后所有的原则性问题、商业逻辑问题、风险问题、管理问题……一个也没逃过。唯一的优势就是他们快速地给了我们阐述想法的机会。

王利芬：磨了多久？

唐侠：三个月左右。

王利芬：拿到多少钱？

唐侠：如果没记错，当时是两个亿。

王利芬：按照你们当时的客户情况，能贷多久？

唐侠：第一年公司开业的时候网点的建设还没有完成，我清晰地记得，第一年我们整个的业务量大概是五六个亿。除了一个亿的资本金，还可能会补充一个亿，但这两个亿足以给我们时间和空间去告诉别人，两个亿可以做，二十亿一样可以做。但如果没有这个资金，我们就无法冲破往前走的自我设限。

王利芬：那个时候就在深圳市做线下店？

唐侠：是的。

王利芬：在深圳有几家？

唐侠：在深圳我们一共做了十几家。

王利芬：就在深圳这个范围？

唐侠：在深圳市内。

王利芬：门店需要获客嘛，你这个模式是先从建行把资金拿过来，通过门店再贷给别人，那个时候找客户难吗？

唐侠：我在这里要做一个修正，实际上我们那个时候已经不是去把银行的钱拿过来，我们是直接打通。这种模式可能是最科学、最合理的，而且是可能适应未来的竞争环境和法律监管环境的。所以我们在一开始就没有这么去做，比如说你把钱给我，就算我一个亿的注册资本金，如果给我超过五千万，那也是不合规的。

任何一个企业要生存和发展就必须要千方百计致力于提高质量，不断创新和超越，追求更新、更高的目标。一个企业唯有不懈追求，精益求精，方有希望处于领先之列。

王利芬：其实建行的钱没有到过你们公司，跟他们没有关系。

唐侠：是的。

王利芬：直接打通花了三个月时间，**你认为在从开始的怀疑慢慢地到半信半疑，再到最后把钱给你们的过程中，最难的地方是什么？**

唐侠：其实难度不在于一个一个去攻、说服、达成共识，**最难的是让所有的相关部门都能够高度地认同**。有些人的认同度是50%，有些人是70%，还有些人是100%。**而要开始并做好这个业务，必须是100%认同，这个是最难的。** 因为银行自身的职责问题，对创新业务都有一些内部规范和问责问题，所以最难的就是让他们达到高度一致。非常感谢建行在跟我们第一次合作时便这么快速。实际上经过了一两个月，我们的业务量，客户群体的质量，以及贷后的资产质量都得到了很大的提升。他们经过不断地认知发现可以再放大，之后又给了我们五个多亿。

王利芬：所以两个亿之后又拿了五个多亿？

唐侠：对。

王利芬：很快吗？

唐侠：很快。按照当时我们约定的一种模式，如果我们的净资产是一个亿的话，它可以配比五倍的净资产，这种叫作合作额度，他们的钱不给我。我记得当时我们有一个亿的净资产，加上建行配了

> 要开始并做好这个业务，必须是100%认同，这个是最难的。

五个亿，再加上可以做 50% 的流贷，所以总共加起来有六个多亿可放贷的规模。

王利芬：就是说第一年是够了？

唐侠：够了。

王利芬：你拿到第一笔钱两个亿的时候，都是带着你的团队？

唐侠：对。

王利芬：都带着哪几个人去做的？

唐侠：带的最多的是曾旭晖和楚涛，现在楚涛是专门分管资金合作的副总裁。

王利芬：你还记得当时能够拿到两个亿的情形吗？因为从 50%、80%，到最后 100% 都给你们了，你们的团队当时是一种什么状态？

唐侠：实际上当时我们内部的信心是很足的，但是唯一没有预料到的是银行可以在 3 月份的时候给我们一个明确的答复。他们说："我们通过了你们的方式方法，现在需要谈细节和技术对接的问题了。"当时我们非常感动，也非常感恩我们曾经在银行从业的经历，在银行里面所沉淀下来的东西起到了正面的作用。

王利芬：所以你们过去在银行里面是让人比较信任的那些人，可以这么说吗？

唐侠：没有太多负面的东西。

王利芬：你们的人品、过去的从业经历给你们做了非常正面的背书？

唐侠：是的。

王利芬：说老实话，如果当初你在银行工作时没有那么出色，也没有什么业绩，当你出来创业后再回到老东家寻求合作时，事情可能没有这么顺利。

唐侠：反而可能是障碍。离开了过去的平台，再回过头来进行合作，坦率地说还不如找新的一家去尝试。实际上我们的团队之所以敢这样做，像曾旭晖和孟庆丰都是这样出来的，我认为，**那时候我们虽然有年轻气盛的地方，也有一些做得不好的地方，但是本质上我们的能力是得到了大家的认可的**。我们在创业前后跟建行之间保持着一种良性的关系。所以我们并没有认为回到建行去谈这个事是一个障碍，我们相信这是一个加分的行为，把分加在了让我们进银行的门，**让对方去倾听我们的想法**。

王利芬：当时你们三个人有没有出去庆祝一下？

唐侠：当然，**我们当时心里是一种感恩的激动，觉得上帝对我们太好了**，在那么短的时间内能让我们"撬开"这么好的大银行。实际上也印证了我们当时的一些想法，就是**用共赢的思想去和银行合作，要体谅银行的难处，把自己的姿态放得很低，把自己的条件放到极限**。比方说当银行出现不良资产的比例考核问题的时候，我们会无条件地回购回来，这个条件其实起到了关键性作用。**如果我们没有共赢的思想是设计不出这种所谓的助贷合作商业模式的**。

王利芬：这里特别需要保证你们做的风控体系

用共赢的思想去和银行合作，要体谅银行的难处，把自己的姿态放得很低，把自己的条件放到极限。

和你们所谓的服务细致要超过建行本身。

唐侠：是的。

王利芬：这个时候你非常有信心，是吗?

唐侠：对，而这一点就是当时我们创业的一个最大保障。

第五章

信贷工厂模式的核心业务如何聚焦

信贷工厂的本质实际上是人为地把一个比较随意的行为进行了工业化和系统化处理，或者标准化流程梳理，最终得以提升效率，变得比较客观。

唐侠：实际上**创业之初我们对传统的进入模式是不太认同的，**比方说如果每一个网点都配备完整的风投体系，那么我们设想将来全国可能会有几十家甚至上百家这种分公司。

这种麻雀虽小五脏俱全的做法真的合适吗？我们真的能管理好吗？

所以我们的团队在创业之初就进行了大量的头脑风暴，最后我们高度一致地认为，一定要在这个行业里面做一个与众不同的东西，那就是信贷工厂。采用集中审批，把所有的风险管理都高度集中到总部来进行。

这是逻辑的可能性，但是挑战来了，如何实现各个分支网点的信息能够高效地传递到总部的集中审批部门而不衰减？如何让这些信息流在公司内部高速地运转而不衰减？

这就要求公司的 IT 管理要经得起考验，我们知道**传统的 IT 管理解决不了这些问题，必须有一些有见识、有经历的 IT 人士来解决信息交互的事情，**才可能使我们理想的、现代化的信贷工厂的想法落地。

> 传统的 IT 管理解决不了这些问题，必须有一些有见识、有经历的 IT 人士来解决信息交互的事情。

王利芬：你在国外的银行机构里面看到过这种信贷工厂吗？

唐侠：没有看到过。

王利芬：所以这是你原创的。

唐侠：我们完全没有参考任何别的企业。我们团队当初在一起头脑风暴的时候，想到了中国很早的时候工业企业里面引进了现代化生产线，现代化给工厂带来了很多收益，使中国传统的工业性企业不断转型，最后我们看到一个企业、一个城市的发展，最后都有一个现代化工厂流水线的镜头。我们想尝试用这种模式把虚拟的金融的工厂建立起来，最终我们的信贷工厂搭建起来了。

王利芬：应该做了很多的迭代吧？

唐侠：是的，在 2013 年 7 月以前，我们所有的迭代都是针对信贷工厂的。

王利芬：信贷工厂的本质实际上是人为地把一个比较随意的行为进行了工业化和系统化处理，或者标准化流程梳理，最终得以提升效率，变得比较客观。在实现的过程中，根据实际情况可能会遇到很多次的迭代，因为切片可能不那么准确，是这样的吗？

唐侠：是的，您说的特别正确。当时看这个挑战是很大的，但是跟我们现在比较起来，那是小儿科。

我们回到当时的情境，实际上信贷工厂这里面最大的挑战是文件传输的挑战，文件传输过来之后，它能自动分拣，就像现代化工厂一样，把所有的文件进行分拣，分拣之后再解析，都要去人工化。

然后在总部的各风控模块进行自动流转，这很像工业企业现代化流水线的现代和智能的概念，要想在金融领域流转起来有很多挑战。

其实这就像早期的智能化一样，是最原始的一

信贷工厂的本质实际上是人为地把一个比较随意的行为进行了工业化和系统化处理，或者标准化流程梳理，最终得以提升效率，变得比较客观。

种挑战。我印象最深的是当我们做出来之后，同行认为这是不可能的，有一家经营了一二十年的知名香港公司到内地来做小额贷款，发现这个事情被中兴微贷做成了，他们快速地去模仿。我们得到的信息是他们花了一千万元、五六个月的时间，结果整个流程还是做不起来，最后以失败告终。

王利芬：原因是什么？

唐侠：原因还是文字解析的问题，这是我们的一个核心技术，就是我们的网点将收集来的用户资料扫描到电脑系统中，电脑系统不仅是物理上的分拣，而且还要把扫描件中所有的文字、图片、数字进行切割，这就叫作文字解析、数字解析。解析之后可以分发到各个不同的流水线，比方说有网选部门、电选部门、人工分析部门，最后再自动地把这些结果组合到一个用户档案里面，这在当时还是挺先进的。

王利芬：这是谁的技术？

唐侠：全部是我们自主开发的。

王利芬：是皮特开发的吗？

唐侠：对。

王利芬：他开发用了多长时间？

唐侠：大概五个月。

王利芬：信贷工厂这个概念是你之前提出来的吗？

客户的消费习性和偏好是在不停变化的，谁能抓住客户变化的需求趋势，谁就能找到企业营销的"康庄大道"。客户的需求变化必须在客户自己意识到之前就要扑捉到，也就是要具备前瞻性。

唐侠：是的。

王利芬：**你为什么会有按照工业化流程进行的想法？**因为如果你们没有信贷工厂这种模式的话，说老实话，你们和银行相比也没有什么竞争优势，你们只不过相当于代工者，没有任何技术含量，所以走这一步其实是比较庆幸地走对了，可以这么说吗？

唐侠：是的，后来有很多人讲信贷工厂，真正的原创是我们这个团队，只是当时我们不懂得去宣传。那时候实现信贷工厂模式在科技方面的挑战是蛮大的，我们从 2009 年开始构思这个事，到 2010 年 10 月开业时信贷工厂就上线了，它的价值就体现在使银行接受了我们，因为我们不仅说的好，而且能做到。

王利芬：尤其是你们比银行做得好，这是它做不到的。因为如果说你在深圳开十几个网点，那银行也可以开十几个网点，直接把你们变成它的一个部门就可以了，所以那样的话其实没有任何的技术含量。**信贷工厂这件事奠定了你们的优势，当信贷工厂第一次跑通时，庆祝场景是什么样的？**

唐侠：10 月 4 号信贷工厂成功跑通完成第一笔放款，我们用聚餐的形式庆祝了一下，给了自己一个 YES。

王利芬：谁请的客？

唐侠：当时我们团队加起来才二三十人，当然是我请的。

王利芬：你个人的钱请的？

唐侠：公司的钱。

王利芬：这时候分得还是蛮清楚的？

唐侠：对。

王利芬：如果是你自己创业，你就可以说"我请客，我埋单"？

唐侠：对，当时公司的法人结构已经完善了，10月时执照也拿下来了，资金已经到位了，我们所谓的内金融牌照也拿到了，处于正规运作的状态。

王利芬：做成信贷工厂这件事情，对你们拿到建行的两个亿起了多大的作用？

唐侠：我认为起到了 80% 的作用。

王利芬：当你向他们大说特说地介绍信贷工厂时，由于他们自己做不到，有没有让你把信贷工厂以专利的形式转让给他们？

唐侠：没有。

王利芬：信贷工厂是可以模式化的，你可以帮助所有需要做信贷审核的金融机构，把它做成像百度的搜索外包业务一样，你当时没有走这种模式吗？

唐侠：我们在这条路上走得很深，您提的这个问题我们当时就在思考了。我们在 2012 年年初成立了研信科技，因为我们虽然认为信贷工厂难，但是我们做到了，它的价值我们看到了，也看到了信贷工厂未来在软件科技方面可能会带来另外一种商业模式,所以我们迅速成立了研信科技,皮特做总经理。很快就来了很多客户要购买我们的技术产品,因为在这个行业里有太多的问题是解决不了的,而我们替同行们做到了。那时我激发皮特的理想,说你可以做一个完全另类的科技公司,当然第一要务是服务好中兴微贷,如果你能创造一个独立的法人平台、创造更大空间的话,我也不反对。所以那个时候他们还有市场部。

王利芬:公司成立了吗?

唐侠:成立了。

王利芬:他占多少股份?

唐侠:他不占股份。

王利芬:你所有的激励都在中兴微贷?

唐侠:对,后来签了很多合同,有十万的,也有几百万的。我们认为可以做出各种程度的信贷工厂,客户不仅是类金融企业,甚至可以是银行。最后确实也有银行找上门,而且很执着,开价几百万来买我们的系统。最后我们都拒绝了,甚至已经签了合同、交了定金的,也都退掉了。**因为在我们发展的过程中,自身的需求越来越多,研信科技虽然成立了,但是我认为要求它平衡好中兴微贷和它的独立市场的服务业务,可能是一个失败的决策。**要把它拉回来,成为一家全职服务于中兴微贷的 IT 公司,实际上是蛮大的挑战,当时我跟团队和皮特都做了非常多的柔和的沟通。

我们生活的今天，产品过剩，顾客需求满足极为容易，企业唯有降低顾客的购买成本才能获得竞争优势。但人性是贪婪的，顾客永远追求性价比高的东西，这导致企业的竞争陷入了同质化和价格战的僵局。

王利芬：这个事的难度在于，他本身在内部，你把他捣鼓到外部创业，你是始作俑者。最后又想把他拉回来，你又有另外一套说辞？

唐侠：是的。

王利芬：这个时候是很容易转身走人的？

唐侠：是的，好在我个人认为他们倒不是真要离开，而只是接受的问题，心里的坎儿我觉得不能转弯太大。所以签的合同如何去退，我们怎样承担成本损失，我都要出面去谈，我不能把这个担忧甩给我们的 IT 团队，因为这些是他们辛苦谈下来的。

王利芬：这是不是一个可以扩展的商业模式呢？既然你们当时已经有了订单，又是怎么认定此路不通的呢？

唐侠：是的，**扩展信贷工厂的模式分走了太多的技术力量，导致中兴微贷的"新的路口"成了瓶颈。**

王利芬：就是说中兴微贷在做信贷工厂，有更多的迭代需求，有新的技术难题需要去解决，这时候需要找一个人既能解决中兴的难题，又能把信贷工厂扩展为一个赚钱的模式，但是这个人是找不到的？

唐侠：第一点我们没这么想，第二点我们当时有一个预测，因为信贷工厂已经进入了快车道，业务在全国拓展，从一家分公司发展到几十家分公司，业务量很多倍地增长，信贷工厂承压能力的瓶颈越来越凸显，比如我们要去创建与信贷工厂嫁接起来的清算模块和贷后资产管理模块，把信贷工厂的系统往外延伸。

创建这些新模块，每一个系统都不亚于一个信贷工厂的开发。**如果这时候把信贷工厂切分出来去做一个独立市场的话，势必会造成分兵作战，我们认为那个钱可以不赚，或者以后再赚。**所以当我们做了这个决策之后，并没有把研信科技从法律载体上拆掉，而是一直保留到现在，成为我们百分之百控股的科技公司。

王利芬：那现在研信科技做什么呢？

唐侠：它现在的职责是服务于飞贷金融科技，但是因为它的相对独立性和使命感，现在的创新成果已经是几十倍于当初做信贷工厂的时候了。我相信这个团队如果有精力的话，在未来的金融科技领域中一定会有一席之地，而且它的商业模式一定会成功。

王利芬：研信科技有多少人？

唐侠：加起来有一百多人。

王利芬：还有一百多人？

唐侠：对。

王利芬：他们做什么？

唐侠：分几个模块，比如陆浩在做科技这部分，是需求模块，我们内部叫 SA 模块；还有项目管理模块，即 PM 模块，以及架构师模块。

王利芬：都服务于你们总公司的贷款业务？

只有尝试、失败、调整，再尝试、再调整才是唯一找到创业之路的办法。所有那些不适应变化和调整的策略都是不太适合创业公司发展的。创业公司可以犯错误，但不允许久拖不决，因为耗不起！

唐侠：是的。

王利芬：你只是把它分成了两个公司而已？

唐侠：是的，我们一直保留它是因为还有一个梦想，希望将来在新金融领域、移动互联网领域、大数据领域，它都能非常出色地融合进去，成为一个组合得最好的智能模块，服务于银行和其他同类公司，实际上这不是没有希望的。

王利芬：等你们的主营业务站得非常稳了再去干那块？

唐侠：是的。

王利芬：一般的创业公司实际上在这个时候如果两部分都要做，可能会导致主营业务的增长没有那么快，要不要决断地把两部分融到一起，可能是会犯分叉的错误的，因为有人要买信贷工厂模式还是很有吸引力的。

唐侠：现在回过头去看，我们很庆幸我们当初的选择是正确的。因为鱼与熊掌不可兼得，尤其是在那个时候我认为是不可兼得的，必须集中所有的精力打歼灭战。

即使我们这么调整了，研信负责科技模块的人说，按照我的想法需要他们到 2020 年完成的东西，他们未必都能按时完成。如果当初继续分兵的话，我相信飞贷金融科技走不到今天这个局面。

王利芬：这个分兵也是你的决策吗？

唐侠：是的。

鱼与熊掌不可兼得，必须集中所有的精力打歼灭战。

王利芬：前后来回倒腾用了多长时间？

唐侠：一年多。

王利芬：其实这个时候还是受到了一些诱惑的。

唐侠：当然。

王利芬：有需求的诱惑，能够立马挣到钱的诱惑？

唐侠：是的。

王利芬：一年多后又折回来了？

唐侠：是的。

王利芬：如果没有这个折回可能会走得更快一点？

唐侠：这是一定的。

王利芬：所以是一个小曲折？

唐侠：非常小，我个人认为它是一个小波折。

第六章

从区域市场走向全国市场面临的挑战

被拒绝是重新认知世界的一种方式，更是自我认知的最好方式，被拒绝不可怕，可怕的是不能坚持自己的相信。

没有一个放之四海而皆准、适用于任何企业并一成不变的经营模式，也没有一种经营模式会永不过时。

王利芬：当时在深圳拓展这十几个网点难吗？

唐侠：在深圳拓展网点不难，但是走出深圳是一件偏难的事。

王利芬：为什么在深圳不难？

唐侠：因为在深圳的金融行业中，我们的团队和中兴微贷的品牌是一个很响的招牌。

王利芬：深圳中兴通讯这个母公司在这方面起了不少作用？

唐侠：我觉得这是没法儿分开的，他们对我们团队是非常认可的，因为我们屡屡创新，做了很多值得骄傲的事，而且模式的创新也是他们非常认同的，他们觉得对深圳的经济有帮助。当然有中兴在背后做无形背书的话，我相信一定是给我们加分的，至于占多少比重，我一直没有思考过这个问题。

王利芬：出深圳难到什么程度？

唐侠：我们知道如果仅做一个局限于一个城市的小额贷款公司，最多能做到小富即安。

王利芬：小富即安不是你创业的初衷吗？

唐侠：当然，我们肯定是要证明自己的。**我们用创新的商业模式使一个小公司变大，至少这一点我们是坚定的。**当时第一个困难就是小额贷款公司都是区域性的，我们要去说服相关审批部门同意将牌照营业范围中的"仅限于深圳"这几个字去掉。

我们用了很多的业绩去说服金融办，告诉它我们毫无疑问地代表了深圳市最好的业绩和水平，如果把这种技术传导出去服务于深圳以外的更多的人群，一定是一件好事。非常好的结果是深圳市"听懂了"我们的想法。

王利芬：这个还需要说服吗？

唐侠：当然，所有与类金融相关的企业的营业执照有任何实质性的改动，都需要市政府审批后再到工商部门办理，企业名字要由中兴微贷变为飞贷金融科技，经营范围的变更当时在全国来说基本上也没有先例。

我们需要突破的第一个难关就是要拿到合法的身份。这时候，我们必须要说服政府，讲明白我们为什么有这个能力，做这件事的意义又在哪里。当然，最后的结果是功夫不负有心人。

王利芬：花了多长时间？

唐侠：前后大概半年的时间。

王利芬：花了半年的时间去说这个事？

唐侠：很难，当我们在深圳市开到十七八家分公司的时候，我们认为瓶颈已经出现了，再不走出去的话，未来的市场容量是有限的。

王利芬：你带着谁去说的？

唐侠：带着曾旭晖、楚涛、滕伟，我们轮番地跟相关管理部门沟通，不断地感召他们，让他们认可我们。非常幸运，我们在短短的几个月内就成功了。

我们需要突破的第一个难关就是要拿到合法的身份。

王利芬：几个月还短？你们去了多少次？

唐侠：数不清楚了，但是我认为这已经是非常幸运的了，在全国也是第一例。在 2011 年能在政策上有这么大的突破，把我们的地区性拿掉了，我们已经很感恩了。

王利芬：你们的心态还是挺好的，一般人可能几个月就放弃了，就这个事情跟政府不断地去说会很烦。

唐侠：是的。

王利芬：突破了对你们来说算是一个小的进步了？

唐侠：是的。

王利芬：通知你们了？

唐侠：通知了，正式发了红头文件，通知工商部门可以把我们经营范围中"仅在深圳地区"全部去掉，我们非常激动。

王利芬：谁撬动的？

唐侠：团队。因为如果当初没有突破这个瓶颈的话，我们可能就是一个三流的小富即安的公司。

王利芬：你们打动的是深圳市政府的哪个部门？

唐侠：金融办。

王利芬：撬动金融办的最后一个螺丝是什么？

唐侠：是我们团队跟银行的合作，**信贷工厂的**

> 信贷工厂的助贷模式成了全国类金融小额贷款企业学习的典范。

助贷模式成了全国类金融小额贷款企业学习的典范。

从北京、天津、上海等地来了很多参观、学习的人，深圳市政府毫无疑问地会把中兴微贷作为深圳市的招牌拿出来，并安排他们与我们交流。每次交流的效果都非常好，给深圳市增了光，所以当我们提出这些需求的时候，也是从把深圳市成功的创新模式、技术、经验向外输出，能够满足更多的有新需求的人群的角度分析，我们认为这样会给深圳市带来更多的正面影响。

王利芬：那这样的话，说一遍不就完了嘛，用得着说几个月吗？

唐侠：是的，刚开始政府要做非常多的印证，要去银行审查我们的能力，以及我们与银行的关系是否稳定，还要检验我们的技术，检测信贷工厂有没有在异地落地的能力。如果政府集中时间做这个事，可能一个月的时间就够了，但实际上是零零散散地做的，**需要不断地用小点的累积去印证，最后触动政府做出决策。**

王利芬：当时政府用什么方式来检验你们和银行的关系是否稳定？

唐侠：他们去跟银行交流。

王利芬：与哪家银行交流？

唐侠：那个时候是建行和中行。

王利芬：已经拓展到中行了？

唐侠：对。

我们需要不断地用小点的累积去印证，最后触动政府做出决策。

王利芬：建行和中行是否跟政府承诺会允许你们不断地去放贷，当时有这样肯定性的答复吗？

唐侠：银行采用了一个机制，最重要的是根据我们的规模，银行选用一比多少的合作方式，而不是说银行直接给我们钱，所以金融办很放心，因为不是银行给我们钱，然后我们再转手，而是他们直接打通。我们后来也因这种商业模式获得了深圳市颁发的金融创新奖，坦率地说这个奖项对我们是非常重要的，因为我们得到了深圳市政府几局一办的共同肯定。

王利芬：在得到了这样一个肯定之后，仍然花了几个月的时间拓展到深圳市之外？

唐侠：对。

王利芬：所以当公司的地域性限制能够突破以后，公司又上了一个新的台阶了？

唐侠：是的。

王利芬：但是外面也没有像深圳这样广大的内陆福地，其他地方对金融的认知和深圳是有差别的。

唐侠：刚才那个挑战是起始的挑战，**真正的最大挑战是我们被允许去做这个事**，并不表示我们能说服江苏、浙江、上海、北京、武汉，这两者不是一一对等的、必然的关系。

王利芬：这时候深圳是帮不了什么忙了？

唐侠：是的，他们解决了我们的地域性限制问题，就是我们将来去上海、北京做的时候，不是违

真正的最大挑战
是我们被允许去
做这个事。

规的，剩下的所有的事我们要自己搞定。**当时我们最大的挑战就是我们要选择什么样的挑战，是找最容易突破的地方去设分支网点，还是找全国最难的地方去设？**

王利芬：你觉得最难的地方会在哪儿？

唐侠：北京。

王利芬：最容易突破的呢？

唐侠：最容易突破的是广东省。

王利芬：相对来说广东省已经被你们的影响面覆盖了？

唐侠：是的。所以我们选择了最难的北京。

王利芬：跟我们讲讲北京的故事。

唐侠：我们考虑一旦在北京成功的话，会有示范效应。这个示范效应不仅是我们想象中的一个商业模式的示范效应，而且代表着政策和整个行业的新动态，所以**我们找到了北京市思想最开放的区域。**

王利芬：海淀区？

唐侠：海淀区。我们通过不同的关系找到了**可以坐下来对话的渠道**，就是海淀区金融服务办公室。当时我们采取的策略是告诉他们把深圳先进的金融模式带到北京，会给中关村、海淀区所有微小企业的创业者、个体工商户带来好处。我们可以尝试把这种新的模式复制过来支持整个海淀区，尤其是中关村地区，并不断地扩散开来。金融办不断地来印证，

当时我们最大的挑战就是我们要选择什么样的挑战，是找最容易突破的地方去设分支网点，还是找全国最难的地方去设？

从北京到深圳来看，又通过北京的金融局跟深圳的金融办进行核实。当然我们有更多的时间待在北京不断地去说服，不断地演示。

王利芬：你还记得找的第一个人吗？是什么职位的人？他听到你们的说法时是什么表情？听懂了吗？

唐侠：听懂了。我们当时并不是跟一把手沟通的，第一次沟通的是副处长一级的，包括科长一级的，因为我们觉得年轻人的思想会活跃一些，接受力会强一些。当他接受之后，他会代表我们把声音传递上去，结果证明我们这种迂回的方式是成功的。

王利芬：所以你找的第一个人是比较容易接受的？

唐侠：是的。

王利芬：是科长？

唐侠：是一位年轻的，科长或副处长吧。

王利芬：那后来到上面呢？

唐侠：后来因为我们不断地发出邀请函，不断地把我们的获奖材料和深圳市对我们与银行合作模式的认可材料传递上去，他们就有兴趣了，直到他们答应到深圳来参观，我认为我们已经成功了一半。我相信我们所有的真实的东西会打动他们。在交流过程中，我们会不断地强化基于海淀区政府以政府职责为导向的情况，我们的这种商业模式是能与之契合的。

> 我相信我们所有的真实的东西会打动他们。

王利芬：他们来了吗？

唐侠：来了很多次。

王利芬：是谁带队来的？

唐侠：他们金融局的一位副职领导。

王利芬：他们来了之后，你们后面的工作就一马平川了吗？

唐侠：不仅是一马平川，而且令我特别感动的是，政府还给我们补贴，让我们拿到了牌照；不仅让我们把第一家分公司设在了海淀区的中心地带，而且在筹建的过程中，金融办还牵头给我们提供了住房和筹备的补贴，这简直是我们想都不敢想的事。

王利芬：我在前面采访过你们公司的卜凡德。他说跟你一起去的北京。有一次吃了闭门羹，正好遇到北京的风沙天气，你还记得那个场景吗？

唐侠：我不是很记得了。

王利芬：在你的印象里，北京还是比较顺利的？

唐侠：是的，拓展异地业务真正的坎坷我遇到的不是最多的，因为我在北京和武汉等地打开局面之后，就把这些地方交给了专门的团队，当时承担最多职责的是车勇、卜凡德和孟庆丰，那时他们是部门负责人，现在都是副总裁。

王利芬：他们遇到了特别多的各地政府的故事？

唐侠：这个是我完全没有体验的，他们也不会让我知道太多，因为他们怕我知道后会有太多的压力，不想让我分兵做太多事。所以我也非常感谢我的团队，后面他们吃的苦比我更多，我无非是在上海、武汉做出了一些示范效应。

王利芬：他们可以拿着北京、上海、武汉这些例子去跟人家说，但即便是那样，要把一家网点搞定实际上还是非常艰难的。

唐侠：他们遇到的事 N 倍于我遇到的事，比如说我们想在武汉设网点，我带着卜凡德去武汉后，**下了火车应该往哪个方向走都不知道，但我们必须把自己逼到极致，如果那个时候不踏出这一步，在家里等着把所有资源整合好了再出去的话，这个时间会非常漫长。**

> 如果那个时候不踏出这一步，在家里等着把所有资源整合好了再出去的话，这个时间会非常漫长。

在高铁上的四个多小时我们不断地研究，找了所有的能与工商局建立联系的可能性，终于在高铁到达武汉之前，我们通过武汉大学的校友知道了联系人及其电话。下车以后我们很顺利地见到了工商局的副局长，因为是校友，他给了我们极大的帮助，愿意听我们的来历，愿意帮助我们。虽然他所在的开发区不是我们要设立分公司的区域，但是他帮我们联系了武昌金融办和工商局。结果第二天我们不仅很顺利地到了武昌工商局，而且还和武昌区政府几位领导一起吃了午饭。

王利芬：有点受宠若惊？

唐侠：因为我们已经在北京做下来了，又拿了很多奖项，我们能与政府的理想和需求契合好，我相信这些都起到作用了。

同时我的母校武汉大学也帮了我很大的忙，我的研究生导师正好是武昌区非常受尊敬的高级顾问，他们得知这层关系之后，更愿意去倾听了。记得当时本来说见面谈半个小时，结果谈了两个小时，而且他们回去后马上安排了很多事情，包括一些代办的工作都是他们帮我们做的。当我们的手续还没有批下来的时候，政府的批文已经下来了，为了支持我们的创新能安心地在武昌区落地，给我们提供筹建补贴 50 万元，我真的不敢相信。

这一切都是缘分，也是一种说不清楚的原因。 但是我觉得背后有一个东西是非常宝贵的，也是我想跟大家分享的，**如果你的自我设限太多，那么你永远跨不出第一步，你永远不知道未来的路是什么样的。**

虽然那个时候无论是北京还是武汉，我们都不知道结果会如何，但是我们敢去。

王利芬：你们最后在全国一共扩展了多少个网点？

唐侠：总共 25 个城市、39 个网点，除深圳的十多个之外，异地设立的应该有二十八九个。

王利芬：总共是 39 个？

唐侠：包括深圳市总共 39 个。

如果你的自我设限太多，那么你永远跨不出第一步，你永远不知道未来的路是什么样的。

第七章

小额信贷企业发展期首要考虑的问题是什么

那些所谓的清晰总结都是学者在一个相对静态前提下的总结，而再精彩的总结也难以复原行进中的复杂。

王利芬：网点有了，银行的资金也比较稳定了，这个时候还有什么难处？

唐侠：难处就是增资了。**银行跟我们的合作关系里面有一个不可触碰的底线就是杠杆，合作杠杆不可以过高。**这表示永远会跟资本金、净资产挂钩，我们的净资产刚开始才一个亿，所以最多能做十一个亿。

王利芬：红线是十一个亿之上的多少倍？

唐侠：如果净资产是一个亿的话，可合作的额度是十倍，就是十个亿，加总也就是十一个亿，包括自营的和助贷模式的，但是很快我们一年就是二十亿的量了，涉及资本的问题了。

王利芬：这个时候中兴通讯不可以帮点忙吗？

唐侠：它所有的帮忙都不能进入净资产，因为它是借款，必须是以法律关系资本金的方式进来的、以股权的方式进来的，才能算公司的净资产。

王利芬：可以开辟新的银行合作吗？

唐侠：我个人认为在这个行业里面突破十倍已经是一个应该思考的问题了。有的银行愿意给我们二十倍，但是我们没有接受，也没有想过用二十倍的方式去拓展全部的业务，因为金融是存在一定的逻辑性的。

王利芬：我是说除了建行以外，另一家银行再给你十倍，这是不可以的吗？

唐侠：不可以的，因为算的是总的。一个金融企业对风控的承受能力是有逻辑的，过去的《巴塞尔协议》，对银行来说，是8%的核心资本，也就是它的杠杆，资产和负债率杠杆是12倍。

王利芬：这个比例会一直保持不变吗？

唐侠：是的，像我们这种新型金融企业往往不可以突破12倍，因为全球对成熟的金融机构都是用12倍的杠杆来限制的。我们考察了全球的所谓小额贷款公司，了解了各个国家在这个领域相关的规章制度和引导性措施，看到实际上一般是在8倍到12倍之间。

王利芬：你们已经达到上限了？

唐侠：我们已经达到10倍了，有的人愿意提供很多的资金，但是我认为这是一个个案，不可以把它作为一种商业模式来复制。

王利芬：这个时候有没有出现过用户要贷款但是你们已经没钱了的断档情况？

唐侠：有。

王利芬：多长时间？

唐侠：往往都会出现在年底的时候。在这个时段会发生这样的事有两个原因：第一个，银行往往在第四季度开始信贷管控，我们虽然是合作不是放贷关系，但是我们还是受监管的要求。总的货币政策是有一个规律的，到了年底有一个调整阶段。这么多年来，基本上上半年都是放开，到了三、四季度就开始收紧，在收紧的时候就会调配所有的信贷规模流向。当然银行首保的是它的大中客户，像我们这种新型的、边缘性的、创新性的业务，放到次要的位置，我是非常理解的。

王利芬：这个时候银行答应给你们的钱会少给或者不给吗？

唐侠：少给或不给，这个很正常。我在银行待了这么多年，也做了银行行长，即使银行给企业已经批了款，那也可以因信贷规模管控而不放款，企业再困难也要自己想办法。与我们的这种合作更不用说了，银行要保黄金客户、大中客户、风险低的客户。

王利芬：作为一个从银行出来的人，这种情况你是能够预料到的，也是理解的，但是你有后手吗？

唐侠：通过股东支持的这种方式我们在法律上也找到了一些支持的点，比如说后来越来越开放，股东可以向自营的小额贷款公司进行资金输出，可以借款。虽然不可以从社会上进行集资，但是股东的支持是允许的。

所以这个时候我们的后手就是股东的支持，当然中兴在这个时候还是有非常多的支持的，前些年都是这么支持的。

再一个就是我们要去开拓银行之外的更多的合作对象，或者在银行范围内进行多层次的合作，比如中小国有商业银行，在那种环境下把我们逼到了向这个方向拓展，所以我们除了跟中行和建行合作外，还在开拓更多的中小商业银行。

王利芬：银行有这么多，但实际上你们自有资产的比例就这么多，再多的银行也没有用，也就是给自己找个后手，其实量并没有多大。

唐侠：**总量不能增加，所以要真正解决总量的话还得靠资本金，我们必须追加资本金进去，让被乘数放大，一个亿变成五个亿，五个亿乘以十就是五十亿。**

王利芬：前面几年你们有利润吗？

唐侠：有利润。

王利芬：利润都直接转到资本？

唐侠：全部转进资本。

王利芬：直接到你们的自有资产？

唐侠：到净资产。

王利芬：直接到这个池子里，然后让你们的资产放大成十倍？

唐侠：对。

创业路上，最常见的不是成功和失败，而是长时间的苦苦挣扎。

王利芬：然后你们能够放贷更多的钱？

唐侠：可以使合作的规模做得更大。

王利芬：在39个网点的时候出现过多少次断档？

唐侠：每年都出现。

王利芬：所以你们每年都要找更多的小银行来以备不测，比如信贷收缩、管控？

唐侠：是的。大银行有大银行的好处，也有难处，但因为大银行的合作量大，在关键时刻它由于客观原因而停止阶段性合作时，对我们的伤害是最大的。所以**我们在建设立体体系的过程中，实行了几种差异化，第一种是国有商业银行和地方性商业银行进行交叉，第二种是银行类和信托类进行交叉。**

所以我们又跟信托公司进行谈判，当然我们找的都是全国排名前五位的信托公司，就像我们当初跟国有商业银行合作一样，找最大的四大银行来合作。当然这有背书的作用，同时**我相信他们一旦认同了我们，提供的支持也是最大的。**所以我们在前三年很快地建立了一个立体的资金体系，包括国有商业银行、地方性商业银行和信托。

王利芬：但是这里面有一点特别难平衡，如果大家都给你钱，你反而要退回去，因为你整个的比例就是这么多。

唐侠：是的，这个在谈判的时候就要说清楚，比如说每家都给我批十倍，但是所有加起来不可以超过十倍。

王利芬：对。

唐侠：那这里有一个先紧着谁的问题。我们从刚开始的甲方和乙方双重身份，到后面的都是甲方，这个过程需要几年的积累。在取得银行的认同不是问题之后，需要竞争每个份额成了新问题。

王利芬：这个时候你们成了银行的香饽饽？

唐侠：阶段性的。

王利芬：实际上这个时候的瓶颈是你们的净资产能力？

唐侠：是的。

王利芬：那这个时候你们怎么处理？

唐侠：这就引发了我们的第三次转型。当一种商业模式的平衡被打破之后，一端的利益相关就是用户旺盛的需求大的时候，瓶颈出现在 A 端或者 B 端，我们的做法就是问清银行担心的问题是什么。其实银行担心的还是按照它参考的《巴塞尔协议》的规则得出来的"十倍"关系。我们要突破的话，除了无穷无尽地增加资本金之外，还找到了一种新的思路，就是用担保公司，与担保公司合作可以把担保领域中的征信加进来，可以解决我的净资产问题。与全国型的担保公司合作，可以使我们一下子

我们的做法就是问清银行担心的问题是什么。其实银行担心的还是按照它参考的《巴塞尔协议》的规则得出来的"十倍"关系。

活跃起来，不仅解决了资本金、净资产的瓶颈问题，而且可以把规则也叠加进来，我们现在做到了。

王利芬：找了几家担保公司？

唐侠：现在找了一家，当然我们找的是一家非常大的担保公司。

王利芬：把这个翻到了多少倍？

唐侠：在担保领域本身就是十倍、二十倍，担保公司跟银行有单独的所谓的授信担保。担保的十倍、二十倍，再加上我们原本的十倍，合作的空间就非常大了。

王利芬：所以在 C 端这个钱是够的？

唐侠：刚才说的都是逻辑的可能性。我们在创建这个逻辑的可能性，实际上 C 端的需求远远超出刚才说的逻辑的可能性。

王利芬：那你们在 C 端是怎么控制这个阀门的？

唐侠：自从做了现在的移动互联网之后，这个阀门是越来越难控制了。原来还可以在线下做解释，我们可以少收一点需求，但是互联网闸门一旦打开，根本不由我们说了算，所有的需求都会反馈进来。

王利芬：这个难题等我们谈到互联网的时候再说。在 39 个网点时期，找客户并不是一个很难的事情，因为要贷款的人太多了，是这个意思吗？

唐侠：是的。

王利芬：你的精力在那个时候有一部分放在开拓网点上，因为到后来开拓网点就算不上一个太难、不可逾越的工作了，你们可以一个城市接一个城市地拓展。其实你的大部分精力放在处理和中兴通讯这个大股东的关系上，以及去找钱的这件事情上？

唐侠：是的。至少我对这方面的关注度是非常高的，可能拖进去的精力也挺多的。**我最苦恼的是资金的逻辑通了，但不表示能真正落地。银行是可以变的，虽然是这么批的，但是不一定在这个阶段就这么执行。**还会有年中、季度或者月末、季末、半年末或者全年末的考核，这些考核不是市场行为的考核，都是一些监管的考核。在这种情况下，我们必须要去配合，这是我要面对的问题。当然最大的问题是针对创新，银行不断地有审计、有指引，还会因为人员的变化，需要我们重新说服，这是最难的。

王利芬：对，**你刚才说的非常有意思的一点是，人员的变化。**

唐侠：对。

王利芬：我有一个朋友在浙江地区也是和一家银行合作，和你们做的一模一样，风控做得非常好，也有所谓的信贷工厂的模式，不过分拣系统没有您做得这样好，但是无论如何它的效率是高的，也用

我最苦恼的是资金的逻辑通了，但不表示能真正落地。

大数据的方式来做这件事情，也有自己的互联网团队。所有的方面都很好，但是却翻船了。为什么呢？因为跟他们打交道的银行副行长被双规了，结果他们没有成功。**为什么你们没有遇到这种灭顶之灾呢？**

唐侠：**我们是跟银行打交道，而不是跟个人打交道，我们确实做到了这一点。我们不是靠去攻克某个人，我认为掺杂跟人的关系就复杂了。**

王利芬：你要和一批人打交道？

唐侠：对，这是一件非常难的事。**我们团队坚信用共赢的模式，即使对方换了人，但是逻辑是一样的。**

王利芬：它是一个集体决策，所以你们没有陷进所谓的关系里去？

唐侠：是的。

王利芬：这是一开始就想好的吗？

唐侠：是的。**我们团队不善于用个人资源跟某个人去打交道，对此也不太认同。如果是个人的事还可以这么做，但商业上的事，我们还是要走商业的道路。**这是我们团队一直以来高度达成一致的一个方向。

王利芬：这条路在开始的时候非常困难，就像你说的，你要让一批人都能百分之百地认知，如果只跟一个人打交道，他一个人就能搞定，就会很快、

> 我们团队坚信用共赢的模式，即使对方换了人，但是逻辑是一样的。

很方便，长驱直入，用不着搞定那么多人，**而你们用了一种比较慢的办法。**

唐侠：**短期效益和中长远效益要做一个取舍。**

王利芬：当初有人建议走"搞定某个人"这条路吗？

唐侠：没有。**我们始终认为我们做的是一件非常好的、共赢的事，我们并不认为它不会成功，而且我们当时也没有预测到市场的反应会那么快，有那么大的量。我们认为有时间去慢慢地把这个商业模式调平衡。**我们当时也是初生牛犊不怕虎，就这么做了。很巧的是，每一个节骨点上我们都搭配成功了，这个是我们很幸运的地方。**所以我们很享受这个过程中的酸甜苦辣，甜是有的，苦也一定有，但是我们接受。**

> 我们很享受这个过程中的酸甜苦辣，甜是有的，苦也一定有，但是我们接受。

第八章

小额信贷企业在国内遇到的资金瓶颈是什么

做得顺时你希望跑得更快，做得不顺时你希望尽快走出困境。

王利芬：这个时候你们找了多家银行，如果一家银行不能提供资金，其他银行都可以作为替补，再找一家担保公司，慢慢地把你们的资本金充大，再用更多的钱来满足 C 端的客户需求，这时线下门店扩展到了 39 个，人员达到了 2400 多人。

唐侠：快往 3000 人的规模发展了。

王利芬：**继续这样发展的话，这条路可行吗？**

唐侠：完全不可行，这就带来了我们的第一次转型。

王利芬：你们合作的银行系统应该说做得比较有替代性。第一家不行，其他几家替上，当然让谁上不让谁上，你们来定，就慢慢变成了甲方，同时与担保公司合作，把资本金的整个可扩展的空间加大了。

唐侠：第一次转型的时候资金体系还是最初的模式，担保公司还没进来。

王利芬：担保公司是什么时候进来的？

唐侠：担保公司是第二次转型的时候进来的。

王利芬：第二次转型是指什么？

唐侠：是利用互联网。

王利芬：用了互联网之后担保公司进来的？

唐侠：对。

王利芬：所以这个时候你们采用了找多家银行来应对不守信用或信贷管控问题的备选方案？

唐侠：对，备选方案。

王利芬：但是备选方案执行起来还是蛮难的？

唐侠：是的。

王利芬：比如说建行不给你钱了，后面还有好几家，你选哪家不选哪家呢？其实都是同行，都跟你们签了协议，如果人家愿意给但你还不要，这样的话你下次再跟他们打交道就没那么容易了。

唐侠：实际上我们遇到的问题还不在这个地方，最难的是银行进行管控的时候，往往大大小小的银行都有同样的情况。

王利芬：都在管控？

唐侠：对。这种情况跟我们当时预想的不太一样，我们当时认为大银行管控的时候，小银行会好很多，甚至没有管控。实际上后来发现虽然人小银行管控的程度不一样，但是它们的趋同性是存在的，所以才激发了我们跟信托公司进行合作，但是与信托公司合作的痛点是它们的资金价格极其之高，这个高可不是我们所说的高10%~20%的程度，它们可能高达50%以上。

王利芬：哇，那就没法儿干了。

唐侠：这样就会极大地挤压出两个问题，第一个问题是影响我们的C端。

王利芬：客户的贷款成本就增加了？

唐侠：对，这是第一个直接导致的压力。第二个压力就是我们可运作的空间，我们的经营效果

也会大打折扣。**企业是需要良性循环的，那么在这个时候即使可能只是打平手，我们也要去维持这个量，维持客户的需求。**所以在这种情况下，我们资金端的这种设计虽然解决了一些体量上的问题，但是仍然没有让我们彻底摆脱资金落地的问题，在落地的过程中现实情况跟逻辑预期还有很大的区别。

王利芬：那这个用什么办法解决？

唐侠：一直没有解决。我们甚至想通过不同的银行体系以及银行和不同的金融机构进行组合，后来我们开始了一种设想，尝试P2P方式，这是我们国家在资本市场上的一种创新，比如说ABS，就是信贷资产的证券化。

王利芬：对，其实深圳就有一家公司在这么做，把你的资产打包上去。

唐侠：是的，**当我们开始做这个事的时候，总在不断地尝试，甚至在证券公司资产管理牌照开始开放的时候，我们也在尝试。总之，中国允许的各种资金渠道，我们都在尝试。**

王利芬：尝试的时间长吗？

唐侠：后面的这种模式挑战更大，因为它有太多的规范要遵守。在创新领域里面ABS是一个很少的个例，虽然它未来的前景很好，但是在中国，这种创新还没有形成规模。

王利芬：关键是中国资本市场本身就起伏不定，募集资金的能力也比较差。

唐侠：是的。

只有在人生路上认真行走的人，才能真正体味行走的力量。

王利芬：我去深圳考察过一家这样的公司。

唐侠：当然这个方向我们不会放弃，我们还会继续努力。

王利芬：有成效吗？

唐侠：有成效。从目前看来，开始有成效了，我相信在今年年底最迟明年上半年，我们会尝试接入这种资金渠道。

王利芬：这个规模有多大？

唐侠：这个规模跟银行的规律就不一样了，要看市场的接受程度。市场接受的程度好，它的规模就不受《巴塞尔协议》的限制。

王利芬：它主要受二级市场火热程度的限制？

唐侠：对，**它的优势和劣势是很明显的，优势是将来它可以打开非常大的空间，劣势是它需要一个漫长的市场接受的过程。**

王利芬：可是它的风险更不可控，比银行还要不可控。

唐侠：是的，如果做得好当然是很好，如果做得不好，最大的问题是可能会伤害购买 ABS 的机构投资者或者一些消费者，就是这种散户投资者。所以我们在这个方向上是很谨慎的，曾经有很多家来跟我们谈，实际上除了程序非常复杂、成本极其昂贵之外，我们还在等政策的暖风。如果未来能认同这种 ABS 的金融改革、金融创新，投资者的风险识别度也增强的话，我认为我们将来在这个领域是有很大的空间的，只是**现在还在尝试的过程中**。

通向未来的路只能上路寻找，没有路标。

第九章

发展期企业在战略选择上如何抵制诱惑

阿里巴巴、京东、华为、腾讯等公司的创立是和创始人的智慧和眼光分不开的，但是一个企业的成长绝非一人的力量，有长远的战略规划也要知人善用。俗话说的好：没有规矩不成方圆。企业要想做大就必得立规矩，坚守底线，才能打造一支铁军，才能在商界大战中所向披靡！

为什么 P2P 打动
不了你，为什么
你不动心呢？

王利芬：你们开了 39 家店的时候，是哪一年？

唐侠：2013 年。

王利芬：2013 年 P2P 已经慢慢兴起了？

唐侠：是的。

王利芬：你那个时候动心了吗？

唐侠：我是一直没有动心，我的团队有动心，而最动心的是我的股东。每年在开董事会、股东会的时候，前面聊的所有的难点我们都会毫无保留地分享出来。实际上股东对这一点也是很担心的，所以当后来出现 P2P 热潮的时候，我们直接的最大股东、原来的董事长在这个方面给了我们无数的压力，曾经到了非常激烈的程度。我跟他说如果 P2P 这个事我自己没有想通的话，他们硬要团队来做，只有两种选择，要么团队离开，他们换掉团队，要么我们换掉股东。

王利芬：为什么 P2P 打动不了你，为什么你不动心呢？

唐侠：我得出这样的结论主要因为两点，第一点是我们的团队人员绝大部分都有在金融机构里面从业一二十年的经验，他们一起来参与决策。过去的所有金融业态在改革、前进、创新的过程中，遇到了太多的不确定性。一个新的东西出来之后，大乱必有大治，这个过程我们看的太多了，我们认为 P2P 是最不确定的。我们原来看到过农村信用社、城市信用社、担保公司、证券营业部、租赁等，我们看到这些业态都经历了大乱必有大治的过程，而且都是急转弯。那么在 P2P 问题上，我们认为它会来得更迅猛。在我们不断开拓全国新的市场的时候，也有来自异地经营团队的压力。在 2013 年中山分公司开业的时候，我跟中山的团队曾经说过，我个人的直觉是不出三年时间 P2P 将是死路一条，或者说 P2P 将会出现大问题，国家一定会出手。

但我觉得直觉不能代替决策，所以在 2014 年年初的时候，我带领团队去做调研，因为受到了股东和异地分公司的压力，尤其是异地分公司是以绩效为导向的。客户有大量需求的时候，如果我们没有资金，那我们好不容易营销来的这种业务就得不到保障。当然他们提出的问题是非常尖锐的，而我要让他们心服口服，我不能只说凭我的经验。

而我要让他们心服口服，我不能只说凭我的经验。

王利芬：有没有人指责你由于来自银行系统，相对保守，没有办法去探测新的途径，或者认为你在创新度上不够？有这样的指责吗？

唐侠：没有这样的指责，只是他们不断地想去感召我们总部的团队成员去接受 P2P，去接受这种他们认为非常先进的、荣耀的事。为此我们团队做出了一个决策，我准备到 P2P 的发源地美国去做一个深度的调研。

王利芬：在深度调研之前，你说你有一种直觉，不出三年，P2P 会遇到一个特别严厉的管控，甚至会让它灭亡？

唐侠：是的。

我们没有放弃，还是要去做深度调研，所以这种直觉是有依据的。

王利芬：今天回过头来看，正好是三年之后，你这个预言基本得到了印证，你当时那个直觉是怎么来的？

唐侠：我认为跟我们的从业经验有极大的关系。以我本人为例，1989 年我进入银行，后来又经历过证券、基金，基本上所有的历程我都看到过、经历过，间接经验、直接经验都有，比如城市信用社，大量的不良资产爆发后监管极其严厉，所谓的开拓者大部分出了问题。国家在这方面出了重拳，这些经验和相同的经历使我们的团队很容易达成这种共识。

但是我们也没有放弃，还是要去做深度调研，所以这种直觉是有依据的。

王利芬：当时的股东会直接指挥说"就 P2P 得了，就直接干"？

唐侠：是的。

王利芬：直接下了这样的指令？

唐侠：是的，当时产生了非常大的冲突，而且主要来自于董事长。

王利芬：你有没有问他的判断是什么？

唐侠：有。

王利芬：他怎么说？

唐侠：别人做得很好，法不责众。

王利芬：这个道理成立。

唐侠：我认为还是不成立。

王利芬：因为你看过"法责众"的时候？

唐侠：是的。

王利芬：因为他没有在银行领域待过，没有见过这些起起伏伏？

唐侠：是的。

王利芬：2013 年年底到 2014 年，P2P 来势非常凶猛？

唐侠：是的。

王利芬：那个时候所有当红的所谓的金融公司的创业都是 P2P。

唐侠：我到现在还是很骄傲，我们的团队能形成高度的共识，而且没有碰一笔 P2P，没有用老百姓的一分钱。

哪怕我们中间有那么多的困难，我们还是坚持走正规的道路，这里面正规的道路不代表没有创新，我相信我们无论是跟银行，还是跟非银行金融机构的这种立体式的助贷模式的不断迭代，都是一种创新，只是我们选择了一种更有生命力的方式。

可能这个与我和团队的年龄也有关，我不希望带领团队走到一个非常被动的局面。所以我们的坚决到了这种程度，可能在中国也是绝无仅有的，对P2P 零容忍。

我们并没有因为做出这样的决策就放弃观察

哪怕我们中间有那么多的困难，我们还是坚持走正规的道路。

P2P，放弃与之交流。我们也谈了很多 P2P 公司，做了大量的交流，甚至我去美国找到了真实的答案。

王利芬：你们在国内交流了多少家 P2P？

唐侠：好的 P2P 我们主动去找，找我们的人也非常多。跟 P2P 的合作我是甲方，大量的 P2P 因为我们的资产、业务量、名气来找我们。

王利芬：所以 P2P 的人想让你们用这种模式把钱贷出去？

唐侠：他们只做资金端。

王利芬：就是把钱给你们，你们给他们挣几个点。

唐侠：是。但是我都没接受，我认为这里面太不规范了，有资金池的问题。那个时候我就在研究资金池和资金期限错配的问题，我跟银行所有合作里面没有出现一笔资金错配，每一笔都是对单一 C 端进行清算的。我认为这种方式没有资金的冗余成本，同时也才是金融的本质，它没有把所有的东西搅在一块儿让人看不清。而是使每个消费者、每个用户的表现都能非常清晰。我们跟 P2P 打交道的时候，提出了几点刚性要求，就是我们可以介入，但是他们不可以有错配，不可以把他们的自营资金搅到我们的资金池中，但是没有一家能做得到。我们的想法是，他们什么时候做到了，我们什么时候介入。

王利芬：你能解释一下错配吗？

唐侠：所谓错配就是当 C 端有需求的时候，发

> 竞争的本质不是颠覆行业、颠覆产品，而是找到未被满足的精准需求，为客户创造更优价值。

盘到平台，在那一刻 A 端提供资金，但跟 C 端资金需求的期限是不一致的，比如 C 端的需求可能是一年期，但是 A 端的资金来自理财资金，期限是半年、三个月甚至一个月，当 A 端的钱到期了而 C 端的钱还没有还，谁来兑付？这时只能靠不同的 A 端再进钱，用这些钱去还。

王利芬：这是一个不确定的因素。

唐侠：这是一件非常危险的事情。

王利芬：如果发生挤兑或者什么情况，你这边就跑路了。

唐侠：现在已经出现这种情况了。所以我会把 C 端的需求资料传递给他们，不能统一都给我一年的期限，因为我们的需求是多样的，但他们做不到。

王利芬：因为提供钱的人做不到？

唐侠：是的。

王利芬：你们跟多少家 P2P 公司进行了实质性的接触？

唐侠：至少前三五十家是他们来接触我们的，诱惑非常大。我们团队里的一些成员也有动心的时候，因为去寻找更稳定的资金来支持更大的需求，这条路是非常苦的，未来会更苦，尤其是在互联网时代，需求暴增，这个所谓的创新的边缘更模糊。那让原来简单的助贷变成一种由金融科技支持的新的商业模式，坦率地说这个挑战更大，现在已经凸显出来了。那个时候 P2P 是一个选择，幸运的是我们没有碰，当时 P2P 有两条道路，一个是我跟 P2P 进行一种战略性合作，还有一种就是我们自己成为 P2P，但这个是我绝对不能接受的，因为我们一直引以为傲的是科技、风控、产品的服务意识这三大类。而如果我去做大量的资金端，自己去独立地形成大量的线下交易，那可能需要上万人。我们看了过去那个年代成功的 P2P，包括排在前三位的，每一个资金端的团队都没有下过一万人，有的高达三四万人，这个不是我要的，也不是我们团队所要的。

王利芬：实际上是一个大规模的线下公司，一个销售公司？

唐侠：是的。

王利芬：向其他公司找钱，然后再卖给对方的 P？

唐侠：是的。

王利芬：好，那个时候中兴通讯给你们的压力应该是比较直截了当、简单粗暴的。

唐侠：是的。

王利芬：你顶回去了，后来你去 P2P 的发源地美国考察的时候，有没有邀请中兴通讯的董事长一起去？

唐侠：我回来之后做了汇报，美国的 P2P 首先是监管先行。所有的创新都在监管的指导下，是有限度的创新，这个目前在中国是空白。资金池和错配的问题，在美国是零容忍的，而在中国是全部泛滥，对于这种情况我感到三年后问题会如暴风骤雨似地到来，因为它影响的是两个 C 端，一个是作为投资者的老百姓，一个是所谓的需求者。一旦发生大量的群体事件，政府不下重手才怪，这是我们当时预测的一种情况。**在这个问题上，我没有给任何商量的空间，拿出了我的霸道。**

王利芬：有人一跟你说，你基本上就让他赶紧离开？

唐侠：或者我会跟他说"除非我离开"。

王利芬：有人敢跟你说做 P2P 吗？

唐侠：试探性的有。

王利芬：有试探性的？

唐侠：因为他们受到了太多 P2P 的干扰，太多 P2P 公司来谈合作。

王利芬：你能描述一下你们在美国看到的监管先行，然后与监管共同成长的 P2P 方式吗？

唐侠：好的。美国做得最好的是 Lending Club，所以我们直接去了 Lending Club 总部，做了两天交流，也找了相关的律师，还跟有监管背景的人一起交流。令我特别震撼的是，美国的监管虽然滞后半步，但是非常及时，当这种创新刚刚出来的时候，P2P 的监管已经有了。

王利芬：很多人找上门？

唐侠：是，在美国证券交易委员会不属于"银监"的概念，而属于证券交易，可以把它当 ABS 来看待。

王利芬：相当于中国的证监会？

唐侠：是的，这时候把它做成一种资产类证券化的模式，这是令我震惊的第二点。

王利芬：实际上是强监管，不是银监会的行业监管？

唐侠：是的。另外令我很诧异的是，它保护的是投资者，而不是用户 C 端，所以所有的监管都是对出钱方的一种保护，比如说两百美金，它也让强行分割成 20 份，它保证所有的钱，不管多少，都分配成小额、分散的状态，用大数法则来进行引导，这是我非常认同的。

还有一点也是我认同的，就是**它鼓励创新，不是一刀切，让企业有生存的空间。这种监管是让创新在有规则的情况下放开尝试**，我觉得这一点是我们应该学习的。现在中国的所谓的 P2P，包括 Lending Club 的一些高管人员回到中国所创建的这种所谓的 P2P，跟美国的 P2P 完全不一样，它也是被中国的这种环境所影响，最后随大溜了。

所以**我个人认为中国的 P2P 从监管层面到执行层面，到企业所谓的运营层面，跟美国的 P2P 只有一个地方一样，那就是"P2P"的写法是一样的，其他的百分之百不一样**。我那个时候就斗胆说："我现在看了这么多家 P2P 公司，中国没有一家是美国那种合格的 P2P 公司。如果你要做，你告诉我你有没有能力做中国第一家完全符合美国监管的 P2P 公司。"

> 它鼓励创新，不是一刀切，让企业有生存的空间。

王利芬：还不如用银行的资金呢？

唐侠：是的。所以那个挑战是非常大的，而且又有来自行业的新挑战，就在这个无缝对接的过程中，我们的挑战和对接形成了一种契合。小额贷款公司已经从一千多家变成了八千多家，而P2P迅速地从一百家变成了一两千家，最多的时候有三千多家，这里面的人才瓶颈出现了，所有的行业竞争属于同类，只是资金来源不一样，但是首先竞争的是在资产端。第二大竞争点就是从业人员，这个行业的从业人员瓶颈凸显出来了，出现了一些奇怪的、很不健康的事，比如团队中有被挖墙脚的，没被挖墙脚的会心浮气躁，因为P2P很赚钱、待遇很高。在这里可能只是一个小经理，到那边可能就是总监，要么提高收入，要么提高职位。这给我们带来了有史以来最大的冲击，资产质量开始下降，一个客户可以向多家贷款，因为能够满足客户需求的机构从几百家发展到一万家，客户的需求很容易得到满足。

王利芬：虽然你自己不做P2P，但P2P在冲击你的整个市场？

唐侠：是的。

王利芬：当你从美国Lending Club调研回来后，跟中兴通讯汇报时说服他们了吗？

唐侠：说服了。

王利芬：他们说就不用做了？

唐侠：他们说"那你们继续观察吧"。

王利芬：这个矛盾、死结打开了？

唐侠：打开了。

只有自己经历过，把脚上的泡磨成血痂，才能找到最适合自己的发展之路。

第十章

P2P 大潮冲击下如何打造飞侠模式

任何外在的力量与内生的力量相比都微不足道。去试错并走出泥潭、去经受发不出工资的压力、去为如何走下一步挣扎、去为淘汰跟不上你的战友而煎熬等，这些都是创业者必过的门槛。

王利芬：你的主要精力基本上放在了解决资本端问题上吧？

唐侠：是的。

王利芬：要找不同的银行、找信托，然后要解决这个资金给多一点、那个给少一点的问题？

唐侠：是的。

王利芬：这是一个综合满足用户需求的问题，其实后来 P2P 的问题也是解决资金的问题？

唐侠：是的。

王利芬：所以你是用尽心力地在保这一端？

唐侠：是的。

王利芬：其实这一端在后面会耗费越来越多的心力。

唐侠：现在已经凸显出来了，当然我们也快速地做出了一些新的决策，调整我们的战略、资源的配比、配称能力。

王利芬：好。在已经接近三千人的情况下，而且外在的 P2P 对你们的冲击非常大，你说完全无法持续，指的是什么意思？

唐侠：首先资金本身就存在一定的瓶颈问题，而现在又出现了资产端的瓶颈，其实是因为人员的问题。虽然信贷工厂的模式是先进的，但是最终的触角还是靠网点、靠人员，而人员的浮躁、不健康竞争，造成我们的资产端越来越难管。

最直接的问题就是资产端的资产质量下降，造成我们的员工在市场上进行客户交易，把公司给他的环境和收入用来开发客户，然后又把这些资料卖给 P2P 公司。

王利芬：所以是外部环境迫使你无法持续，还是因为三千人做到六千人、九千人的财务模型而无法持续？

唐侠：我个人认为从表面来看，好像是因为从两千多人扩张到两万多人而无法持续。我也知道在这个行业里面存在五万多人的公司，我很佩服他们，但我预测我的团队没有这个能力，这个是我们自己的一种选择。我们在经营管理过程中已经给自己下了一个结论，我们不愿意走这条路，我们管两千多人都遇到了这么多的麻烦。

王利芬：最大的麻烦是什么？

唐侠：就是人员的问题。

王利芬：人员的素质问题？

唐侠：有时候人员素质会导致经营上出现断层，当团队被挖墙脚时，是非常被动的。所以后来我们的做法是，重新改造我们的商业模式，我们来做一个梦，让几百人能做的事成为十万人也能做的

有时候人员素质会导致经营上出现断层，当团队被挖墙脚时，是非常被动的。

事，这就是我们的飞侠模式。

王利芬：这是你提出来的？

唐侠：是的。

王利芬：当从两千多人发展到三千多人的时候，你睡得着吗？

唐侠：睡不着。

王利芬：这是最睡不着的一段时间？

唐侠：这个比那时资金所带来的压力更大，因为那时业务量一年也就是二十来个亿，我们还能应付，我们即使采取阶段性关闸的手段，也不会引发群体效应，因为那是收单制，是客户上门的方式，我不用那么大的力量推广就行了。

王利芬：或者把客户贷款的周期拉长，这都是办法。

唐侠：是的，那个时候没有那么强的需求。

王利芬：那人员问题怎么让你睡不着呢？

唐侠：一是素质的问题，我如果在这么一个不健康的竞争环境下去扩充我的人员，将来的人数可能达到原来的十倍。人员的培养、培养之后的管理以及管理好之后被挖墙脚的挑战，是我找不到应对办法的。

王利芬：这个时候应该是非常焦虑的。

> 人员的培养、培养之后的管理以及管理好之后被挖墙脚的挑战，是我找不到应对办法的。

唐侠：团队非常焦虑。我记得在 2013 年 7 月 10 日，我们团队的所有人员在大会议室**研究如何解决管理问题，如何解决在不健康的竞争环境下持续经营的问题**，那天的会开到夜里 12 点。

王利芬：从几点开到夜里 12 点？

唐侠：我们从下午一直开到晚上，我记得我们去吃饭的时候已经是第二天凌晨了。

王利芬：没有解决方案？

唐侠：有解决方案，那一天的成果非常大。

王利芬：怎么解决？

唐侠：我记得大概是在快晚上 11 点的时候，我们团队达成共识，首先这个方向是不想要的。其次，我们预测未来我们的团队，如果按照五万人，别说五万人了，就是一万人、两万人，我们也管理不好，**在行业竞争没有那么激烈的正常情况下，我管理三万人没问题，但是在这样的竞争环境下，我们所有人认为是不可能管理好的。**

王利芬：你心里是没底的？

唐侠：我心里完全没有底，团队也非常焦虑，最后我们在头脑风暴的过程中找到了解决办法。

王利芬：在晚上 11 点多钟？

唐侠：是的。**我们研究保险公司是怎么做的，**

经营良好的企业不在于其掌握了多少高科技技术，也不在于其拥有多少雄厚的资产，而在于其是否满足了客户未被满足的精准需求，是否创造了客户价值。

保险公司有几万人，但是绝大部分不是直接员工，它是一种代理制、一种众包模式，难道我们在信贷界不可以创新做这个事吗？

这对我们来说当然是很大的挑战，我们都没有保险和众包的从业经历，但是我们团队认为这是一个可以挖掘下去的方向，**当我们找到"众包模式"这个词的时候，我们是很兴奋的，但是要下定决心来做，大家都不作声了。**因为大家知道其中的 IT 方面的挑战、管理的挑战、人力资源的挑战、背后清算的挑战、财务上的挑战等，全部都得推翻重来。

我知道他们不作声不代表不认同，只是陷入了一定的僵局，那个时候我拍了桌子，我说："总之，按照原来的老路，我是不干了。如果你们愿意接受这个挑战，愿意一起再往前走，不管前面有多少困难，死也死在这条路上，因为那条路是 100% 死，这条路可能有 10% 能活，甚至概率更大。不管你们做不做，反正我要做，就往这条路上做。"**那个时候霸道总裁的风格就出来了，因为处于一个决策状态。**

王利芬：大家怎么说？

唐侠：鼓掌，都愿意往这条路上走，都说有多少困难我们去解决。那天晚上我们喝了酒，吃了砂锅粥，很晚，我们还留下了合影，纪念一个历史性的时刻。好在我们在这条路上取得了阶段性的成功，在行业内引起了非常大的轰动。

当我们找到"众包模式"这个词的时候，我们是很兴奋的，但是要下定决心来做，大家都不作声了。

王利芬：这就是十万飞侠模式？

唐侠：是的。

王利芬：这个"侠"是唐侠的"侠"吗？

唐侠：这是巧合，我们当时取了很多名字，当时曾总在做一个创新项目，取的名字叫"飞地"，后来改成了"小飞地"，我后来又霸道了一次，把"地"改成了"侠"，有那种武侠的概念，又是一种人物的概念，又正好与一种新型的人员管理相契合，就放弃了原来的小飞地项目，改造成一个全新的飞侠项目，叫"**众筹的十万飞侠**"。

王利芬：这个时候要把近三千人变成跟你的公司有关系，但又不是你的员工的方式？

唐侠：是的。

王利芬：实际上这个手术是非常大的。

唐侠：现在回想起来，惊心动魄，**我们认为我们有这个底气的原因是前面是死路一条，如果两千多人再往一万人扩张的话，就会跟所有竞争者一样，没有任何的与众不同，都是同质化竞争。**

王利芬：如果往一万人发展，财务模型是什么？

唐侠：我们2011年盈利，2012年、2013年每年的业务及财务指标都是100%增长。在2013年转型的时候，人家觉得我是神经病，财务、董事会和股东有不同的看法。

企业变革专家迈克尔·哈默在著作《企业再造的革命》中指出，人们对变化的抵制是企业再造过程中最复杂、最恼人、最痛苦、最费解的部分。

我的难度不是我能不能驾驭几千人、上万人，而是我驾驭得了又如何。

王利芬：所以向一万人、两万人发展，在财务模型上是说得通的。重要的是这是一个同质化的竞争，你们管理的难度会加大，外在竞争的程度恶劣，整个人力资源的调整，你没有办法来进行。

唐侠：是的，这种模式会耗费我 70%~80% 的精力，而这些精力本应用在科技、创新、风控上，这种调配不是我们要的，而我们当时引以为傲的，也恰恰是这点。

王利芬：两三千人的时候，你们的管理已经焦头烂额了？

唐侠：也不是，我们的管理在整个行业里面还是标杆，只要是中兴微贷的人，其他公司是无条件接收的，因为我们管理得好，训练、培训得好，专业知识技能比人家高一些。

此时真正的挑战不是来自于我内部的管理，而是来自于外部环境，是被挖裂，这种冲击是断崖式的。

曾经有人说中兴微贷是小微金融行业的黄埔军校，我的难度不是我能不能驾驭几千人、上万人，而是我驾驭得了又如何。

王利芬：因为来势凶猛的 P2P 需要大部队，会把你的人全部挖走，然后你再不停地为他们培训，这个模式相当于捡了玉米棒子，然后扔掉，再捡，再扔。

唐侠：是的，可能你做得越好，受的冲击越大。

王利芬：采用飞侠模式的话，意味着要把两三千人砍掉很大一部分，这个过程对于一个企业来说，有的时候是会翻船的。

唐侠：是的。

王利芬：如果被媒体引爆，说你大规模裁员，会让你有口莫辩。

唐侠：是的。那时候我们不懂定位、传播，更不懂传媒会带来一些影响。如果当时有那个概念，可能这种改革、创新的步子会修饰得不一样。**我们是无知者无畏，认为就是一个单纯的业务转型、商业模式转型的问题**。我相信通过友好的、人性化的沟通，以及配套的人性化措施能化解掉。**这是我们当时很天真的一种想法，唯一幸运的是，我们的人太好"消化"了，我们顺利地闯过了这一关。**

王利芬：因为外面有人急着等着要，出去了工资还会多？

唐侠：是的。

王利芬：你用了多长时间解决掉两千人？

唐侠：我们花了不到三个月的时间。

王利芬：三个月的时间这么短，如果这些人"消化"不掉，可能深圳市政府也不会答应，因为这是

我们是无知者无畏，认为就是一个单纯的业务转型、商业模式转型的问题。

一个巨大的社会问题。

唐侠：我们当时有预案。

王利芬：什么预案？

唐侠：我们有两种选择，第一会努力帮助员工找工作，这方面我们做了很多，也有很多人是我们推荐过去的，因为有很多人来我们公司学习，经常会问能不能给他们推荐人，甚至输出人，所以我们相信能消化一部分，我会向这些企业说明，这是我们企业转型的问题，而不是他们个人能力的问题。第二个预案是实在不肯走的，我们就留下来。

王利芬：最后都走了？

唐侠：是的。

王利芬：是不是你把他们发展成了飞侠？

唐侠：绝大部分是，还有一部分人选择了同业的所谓的更好的职位。

王利芬：两千多人融起来是不容易的，最后裁掉的决定在理智上是对的，但在情感上还是比较难以面对的，有什么比较尴尬的情景，或者难以面对的情景吗？

唐侠：**团队的每个人在下这一刀的时候都流下了眼泪，不论是公开的还是私下的。**当时我把深圳本部十几个营业网点的几百人召集到总部的培训中心来开会，进行宣导，晓之以理动之以情，那一刻

制定竞争战略只是万里长征的第一步，要想赢得竞争，还得让战略完全落地才行。

我是流了眼泪的，我事后很长时间没有缓过劲来。听说异地分公司的情景更感人，有的人是因为对中兴微贷平台的爱。

有一些管理层去做这个事的时候，有诸多的不舍，因为原来大家在一起打拼，这些人都是一个一个慢慢培养起来的，这对情感而言确实是一个很大的冲撞。我知道**那一段时间非常难熬，每个人都难熬**，曾总说他是会受不了的，所以最好别派他去干这个事。我把卜总、孟总、车总和最老到的陈总派出去，我知道这里面的挑战很大。

王利芬：你自己面对的是深圳的这批人，有你认识、培养过的人吗？

唐侠：这里面是最多的。

王利芬：他们有责怪你吗？

唐侠：我相信一定有，但是他们没有当面来指责我。因为我把道理讲清楚了，有几条路是可以选择的，第一条路是他们可以代表公司去管理飞侠。第二条路是在他们的努力和我们的帮助下，他们可以在其他公司找到更好的位置，因为中兴微贷的人是最值得骄傲的，最值得别人去争抢的人才。我们做了详细的PPT给他们讲解，告诉他们两者的区别，各自的经济价值和收入，如果转化为飞侠的话，会有哪些不同。

> 在思考战略时，最关键的出发点就是"人心"。

我们的准备工作做得非常充分，过去跟深圳地区这些员工的沟通也比较充分，他们对我们的信任感也要强一些，所以我亲自出马。我记得那一天，除了一部分基层员工没来以外，所有小团队的负责人都到总部来了，我前后花了两三个小时，其中用一个小时进行自由对话，他们有任何疑问可以随时向我发问。

王利芬：你去讲的时候，他们知道你要讲这个事吗？

唐侠：不知道。

王利芬：所以很突然？

唐侠：是的。

王利芬：讲完之后有人哭吗？

唐侠：有很多人把头埋下去，但不像其他分公司当场哭得那么厉害，跟我一起来做这个事的一部分高管有很多人是流了泪的，我自己在这个过程中也有这种情感的宣泄。

王利芬：那天在会上你哭了？

唐侠：我是有流眼泪的。

王利芬：就在那两三个小时的过程里面？

唐侠：对。

王利芬：有没有很不错的，但你必须把他砍掉的个案？

唐侠：没有，我们有一个非常好的机制，让他们成为管理飞侠的团队长、经理。我们剩下的两百多人是我们的团队长，他们要管理十万人，他们是我的直属员工，是比较优秀的。那个时候我们是竞聘上岗的，他们要证明自己有管理能力，并且对整个飞侠的商业模式和体系要理解到位。

王利芬：这些人不仅要去管理飞侠，还要发展更多的飞侠？

唐侠：是的。

第十一章

盈利两年，十万飞侠模式为何终结

我们不想要没有未来的企业，尤其是伤害到客户、不能给客户带来真正价值的企业。

王利芬：千难万难在三个月内"干掉"两千多人，这件事真的是一个很大的挑战，挑战完成之后，这十万飞侠能给你带来什么？

唐侠：它是有得有失的，但当时我们不这么认为，我们认为我们做了一件惊天动地的事，而**当时行业的反应是对以唐侠为首的中兴微贷的创业团队和管理团队恨之入骨，给我们取了一些绰号，说我们是"搅局者"，是这个行业的"坏小子"。**

但是我们当时是欣然接受的，当我们看着系统的数字一万人、两万人、三万人……一直到超过十万人的时候，我们是非常兴奋的。

王利芬：觉得接近你们的那个目标？

唐侠：已经远远超过我们的目标。

王利芬：因为十万人是你们开始提出来的？

唐侠：没有，我们刚开始认为我们能做到像P2P的资产端两三万人的规模，而且很轻松地做到那个程度，已经是很满足了，没想到会超过十万人。

王利芬：为什么会发展得那么快？

唐侠：我个人认为我们有一套模式。

王利芬：裂变的方法？

唐侠：**我们为了规避传销，把工商局的领导请到公司来，让他们告诉我们应该怎么做才能百分之百地规避传销。我们设计了一整套方法，但是真正能使我们迅速打开局面的还是利益。**所有的人员，不论是同行还是非同行，他们认为兼职做这个事是很简单的，比如有一些飞侠是集贸市场里的管理人员。当然同行来做是最直接的，因为我们把系统开发得非常简单，他们做起来很轻松。飞侠只需在 PC 端进行注册，然后把需求者的信息、名字、身份证号码和简单的需求输进去就结束了，只要这个客户产生了链接，产生了真实的需求，飞侠就会有收入。后来我们又开发了手机 APP。

王利芬：做了一个内部系统？

唐侠：是对外的，就是对飞侠的。

王利芬：局域网？

唐侠：对。他们操作起来非常简单，那个时候智能手机已经普及了， PC 端和 APP 端两个并行，我们发现 PC 端的业务量开始下降，手机移动端的业务量不断上升。如果我没记错的话，最后 PC 端只有10%到20%了，其余绝大部分来自手机移动端。

王利芬：**飞侠暴涨的原因，一个是利益机制的驱使，另一个是工具的应用？**

唐侠：是的，我更认同后面的这个答案，那就是**科技带来的便利性**。那个时候我们编了很多广告词，比如无论你是在出差、旅游还是度假，你可以自主创业。

王利芬：能贷款？

唐侠：你只要去发现需求，而不需要推动这个需求，把这个需求通过我们的移动终端传递到信息

飞侠暴涨的原因，一个是利益机制的驱使，另一个是科技带来的便利性。

中心，就有机会获得一份酬劳，但是不可以发展下线。

王利芬：这就与传销有所区别了。

唐侠：我们专门请了工商局的处长给我们讲课，我们不想触犯法律。

王利芬：这个系统是皮特做的吗？

唐侠：是他开发的。

王利芬：如果没有这样一套工具和系统的支撑，实际上是没有办法做到的？

唐侠：完全做不到。

王利芬：有了十多万飞侠之后，你们喜悦的情绪或者喜悦的心情维持了多长时间？

唐侠：从 2013 年 7 月开始，到 10 月上线，我们用三个月开发出来。2014 年我从以色列回来以后，我有更多的思考，我不仅学到了"危机是创新的源泉"，而且还了解了这背后有几层的含义，真正的危机是在危机没有到来的时候，如何提前预知危机。我们就考虑这十万飞侠到底给我们带来了什么？未来可能给我们带来什么样的风险点？

王利芬：直接带来的是对资金端需求的扩展？

唐侠：对，对资产的渴望。

王利芬：这个时候银行和信托提供的资金，能对得上吗？

唐侠：因为我的资本金和利润都在不断地增加，净资产也在增加，所以简单的平衡关系还存在，跟

> 真正的危机是在危机没有到来的时候，如何提前预知危机。

以前一样的痛点也阶段性地存在，但那个时候我的精力已经不在这上面了，我还没有完全体会到移动互联网、大数据所带来的爆发，那是完全与现有的资金体系所背离的。

当时我们最大的痛点是，我们现在能走一年、两年，能走十年吗？我们开始探讨这个话题，后来发现这是死路一条。

王利芬：又是死路一条？

唐侠：对。

王利芬：为什么？

唐侠：2013 年我们转型，到 2014 年年底我们决定放弃整体的商业模式。

王利芬：就是十万飞侠没有了的那一年？

唐侠：烟消云散，我们实际上是在 2014 年年底决定放弃的。从我们的飞侠体系在 2013 年 10 月上线，到 2015 年 10 月我们的移动终端随借随还贷款 APP 直接去掉了所有的中间环节，整整经历了两年。

王利芬：为什么要做这样一个决策？

唐侠：那个时候我已经开始接触君智谢老师的战略定位课程，深深地被这个体系所打动。**作为一个企业家、一个团队带头人，在这个方面的思考应该是最多的，而不是陷入单一领域的技术。** 虽然我们不能完全不懂技术，但是我们应该更多地在战略层面上去考虑问题。从 2013 年我接触这个课程到后面陆续尝试使用这个理论工具，**我发现我们的能力**

作为一个企业家、一个团队带头人，在战略方面的思考应该是最多的，而不是陷入单一领域的技术。

是有限的，那个时候我已经慢慢地意识到，用户和用户的需求是我们的上帝。

而我们能给用户带来什么样的直接价值，是我最应该思考的。我们能不能拥有认知上的优势，能不能赢得心智上的资源，这是所有企业家应该考虑的。而飞侠模式偏偏是与这个背离的，因为飞侠是一个利益团体。

王利芬：利益驱动的团体？

唐侠：对，利益驱动的团体。我们发现了很多的造假，为了自己的利益而伤害到用户，比方说向客户额外收钱，因为他不受控制，我们无法管理到他，带给客户的体验非常糟糕。虽然业务量暴涨，但是投诉是 N 倍增长的。2014 年是业务数据和财务数据最好看的年份，但是我们在 2014 年年底做出了一个谁都不敢相信的决策，就是准备放弃这个外人都要学的，中兴微贷花了这么长时间建立的庞大的飞侠体系，我准备封存它。

王利芬：什么东西让你这样痛下决心，把飞侠干掉？我觉得一个比较成熟或者更加务实的创业者会说"没关系，这样的一个模式还是可以坚持的，尽管投诉会多一点"。

唐侠：当时争论得非常激烈，我们会做这样的决策，是因为当时飞侠对顾客的这种破坏性动作让我无法接受。这属于企业、整个团队的良心发现，但还没有上升到经营层面。

我们在不断地学习定位，在内部寻找定位，我

> 商业竞争不是产品之争，而是心智之争，赢得人心就能赢得竞争。

们没有想到去找咨询公司。我们认为自己是万能的，既然我们学了这个体系，只要多看几遍书，定期交流，就可以找到所谓的广告词。

我们预测危机迟早会到来，迟早要为今天这种短期利益埋单，因为伤害了用户。虽然现在用户是刚性需求，但是我们在他们心目中并没有建立一个正面形象。当我们理解得越来越深时，深感一个良性的企业，如果有本事直接到 C 端的话，那就会领先一步，至少在金融领域里，我们过去的所有模式，包括线下、线上模式，都不是直接到 C 端，全是通过人的传递。在这个过程中，我不断地去听谢老师的各种演讲，我那段时间的求知欲特别强烈，他的任何演讲我都去听，跟企业家的交流活动我也去。

王利芬：你之所以去得这么频繁，是因为你对飞侠模式心里没底，对吗？

唐侠：我认为从良知上看这个是有问题的，从简单的财务模型和商业模型来看，它是有存续期的。但是这与那段时间所接触到的定位的知识严重冲突，我们一直在自己建立一种健康的正面心智的商业模式。

这在金融领域里面难道不可以吗？所以我们不断地在写自己的广告词，不断地去调整我们的营销方式，甚至我们想再创立一个创新部来尝试性地做这个事。因为我们的功夫太差了，还急于求成，用了两百多万元去做广告，发现并没有什么效果，大家认为还不如做飞侠好。

那个时候的冲突是非常大的，也很矛盾，一边

我们认为自己是万能的，既然我们学了这个体系，只要多看几遍书，定期交流，就可以找到所谓的广告词。

第十一章

很想做一件理想的事，一边又很赚钱，但是这个钱赚的又让我很难受，然后我们又意识到这种飞侠的商业模式未来一定会被别人替代。**那有没有可能我们自己去把自己颠覆了？** 我记得这个时候没有任何人赞同我的想法，**我在团队里面找不到一个知音。**

王利芬：他们还是要坚持飞侠？

唐侠：他们不是坚持，他们认为飞侠没有毛病，至少没有大的毛病，不是挺好的嘛，而且业绩又增长得很厉害，2014年也是利润最高的一年。

王利芬：他们会觉得你很折腾？

唐侠：是的，就是不停地折腾。那我就擒贼先擒王，我就跟曾总不断地交流，我告诉他我的理想，我对定位、对科技的理解，科技已经可以做到了，智能终端已经成为越来越普及的一种现象。而且那个时候最巧的是4G的到来，我们做飞侠的时候是3G，3G在传递图片的过程中是有卡壳的，4G到来以后我们体验到传输速度已经不是同一个量级了，如果所有的交互在4G环境下，我们完全可以做得到。

王利芬：有内部局域网式的 **APP** 的一个初步经验？

唐侠：对，我们知道**瓶颈来自于科技的挑战，**如果没有4G环境，或者我们的用户使用智能手机的比重不够高的话，都是一个挑战。尤其是低端用户，因为我们在金融需求里面处在一个低端位置，现在卖菜的大妈都在用智能手机，但2014年时可不是这样的。

> 对于企业而言，提升客户价值可以从以下六个维度出发：一是帮你的客户省钱，二是帮你的客户省时，三是帮你的客户省心，四是帮你的客户省力，五是让你的客户心情愉悦，六是为你的客户提供额外的价值。

王利芬：你为什么没有带整个团队集体去听一次关于定位的课？

唐侠：**那个时候我们自认为看一下书就可以自学了，后来发现走了很多弯路**。当我们决定要干这件事、要再一次转型的时候，**我们觉得转型的触动点就是定位**。我们在不断学习的过程中发现功夫不到家，那个时候我就开始走向了另外一条路，向谢伟山大师求教，我花了非常多的心思。

王利芬：你真的觉得他是一位大师吗？

唐侠：在我心目中他现在仍然是大师。如果没有当初那堂课，没有君智团队的这种付出，我个人认为飞贷走不到今天这么一个健康的商业模式。

王利芬：所以**定位带来的最大好处是直接面对用户**？

唐侠：是的。**如果找不到这个商业真谛的话，我们的创新可能还在兜兜转转，还是一个内部思维、一个基于自我需求的创新**，我认为这个伤害是很大的，可能时间窗口是有问题的，会迅速关闭。

坦率地说，**马云走得那么好、那么快，就是在所有的人都不清楚这个道理的时候，他无形中运用的就是直接到 C 端，让所有的 C 端都在这个平台上进行互联。**

腾讯也是这个道理，只是那个时候我们没有看到。现在再来看，**谁拥有终端客户，谁拥有终端顾客的认知优势，谁就可能是有未来的，有长远的未**

那个时候我们自认为看一下书就可以自学了，后来发现走了很多弯路。

来价值。

王利芬：直接接受终端用户，P2P 没有给你启示吗？一定要定位吗？

唐侠：P2P 没有什么启示。

王利芬：因为 P 就是用户直接在这个上面借钱，只是那个 P 是投资人，这个 P 本身就接触到用户了。

唐侠：但是它给资金端投资者带来的是负面的认知，认为是他赚我的利息，我赚他的本金，尤其是在大规模的群体事件出来以后。

王利芬：因为它用的就是互联网的优势？

唐侠：是的。

王利芬：如果 P2P 能像 Lending Club 的检测方式发展的话，它将是一个很好的方式，因为中国本身的投资渠道不多。

唐侠：我跟您的看法是完全一致的，我曾经说过，哪一天中国的 P2P 监管环境到位了，中国的投资者跟美国的投资者有一样的认知水平的时候，飞贷金融科技很可能会第一时间进入 P2P，这个是在我们团队里面达成共识的。

王利芬：因为这种资金才是永续的，它也解决了另外一类人在投资领域的需求，所以你们解决的是两边最重要的需求。

唐侠：是的。

王利芬：可惜那个时候 P2P 是负面的，没有给

> 谁拥有终端客户，谁拥有终端顾客的认知优势，谁就可能是有未来的，有长远的未来价值。

到你这样一个启发。所以**你们的定位是从客户端建立优势，与客户直接面对面，拿掉中间环节。**

唐侠：是的，我**用定位理论反省过飞贷的整个创业的历程和现在的痛点，我发现我们企业内部遇到的痛点都是因为跟这个违背了。**因为我们间接的中间层太多，几乎所有令我痛苦的事都是因为中间层伤害到 C 端。后来发现当把这些关联起来的时候，所有的理论和实践是相通的，我们终于找到了改造和创新的方向。

王利芬：直接利用互联网？

唐侠：科技的进步、迭代告诉了我们有这样的机会。**我们那个时候唯一的挑战就是如何利用开源技术，如何走出局域网，如何真正地永远放弃掉所有的中间坏节，让我们去拥抱海量的客户。**

我们没有过这样的经历，但是做这个事情我有两个底气：第一，我有信心说服团队；第二，我能请到谢伟山。**一旦面对海量的 C 端的时候，是需要智慧来打这场仗的，未来的终极之战就是"在客户的心智中，你能解决什么东西？客户认不认？"**这个环节必须打通，我认为谢伟山他们有这方面的能力。另外，我们这么多年的创新，当时都是成功的，而且都没有带来灾难性的破坏，我相信我能说服团队。所以刚开始我就把我的想法不断地说给曾旭晖听。

王利芬：开始他们都不接受吗？

唐侠：他们不作声，我相信他们的独白是"这么大规模的，这么多的投资，另外，董事会、股东

> 未来的终极之战就是"在客户的心智中，你能解决什么东西？客户认不认？"

会同意吗？"有很多人提出股东会同意吗？他们不直接反对我。

王利芬：这时候股东中兴还在吗？

唐侠：在。

王利芬：只有百分之二十几？

唐侠：**最有意思的就是为了打赢这场仗**，为了让股东、董事会接受这次大胆的转型之路，**我们设计了一系列的流程来说服他们，当然我首先要说服我的团队。**

我跟曾旭晖说："**我问你几个问题，凭什么不可以？凭什么不可以？凭什么不可以？**你们告诉我不可以的理由以及背后的逻辑。你们说服我，我听你们的，说服不了，我们就要挑战这个，因为后面的挑战太大了。"

王利芬：如果他们就是不同意，你也还会这么干？

唐侠：我一定会这么干。

王利芬：那团队会跟你拧着来吗？

唐侠：我相信不会。

王利芬：因为取决于你的过去，比如说避过了P2P的险滩，然后做了信贷工厂，做了飞侠模式。其实你的直觉和理性判断都有过一定的判断上的优势，这给他们造成强大的影响力，所以你是完全可以不顾他们的想法往下推的。

> 我们设计了一系列的流程来说服股东、董事会，当然我首先要说服我的团队。

唐侠：**我也相信我的沟通能力，我不会强迫他们接受我的这种决策的结果。我一定会让他们知道我决策背后的声音、逻辑。**我相信如果说到这个份上，跟我走了这么多年的创业团队是不会反对的。

王利芬：如果你向 C 端打开，让 C 端直接贷款的话，首先面对的是互联网技术问题，我觉得你的团队里没有这样的人。第二个是大数据技术，其实大数据是非常大的一道坎儿，光这件事就能搞死人。第三是你的核算系统要那么快地响应。这些东西实际上不是皮特一个人能完成的。这当然是一个整合，那还有那么多人，他们如果不同意的话，他很难把这个事情干到底。

唐侠：我们是有备选方案的，那个时候我不会像当初做飞侠转型时采取一刀切的方式，我们有点暗度陈仓，就是我们成立了一个新的创新部门，让他们日夜兼程地按照我们达成的这个共识去研发。

王利芬：你已经先斩后奏了？

唐侠：在 2015 年年初的时候，董事会初步同意之后成立了一个团队。

王利芬：多大规模？

唐侠：几乎抽调了一半的精英过来。

王利芬：那就不是探索了。

唐侠：但是精英不代表人多，而是它在我心目中的价值，大量的人一个都不裁减，原来的几百人和十万飞侠继续往前跑。

121 第十一章

王利芬：并行？

唐侠：并行。我封锁了所有的消息，直到上线的那一刻他们都不知道。

王利芬：他们在别的地方办公吗？

唐侠：在异地分公司，那个时候我们全部封闭。

王利芬：只对你一个人汇报？

唐侠：是的，当然我们所有的核心团队都会知道，但是我们已经严格要求不可以走漏风声。

王利芬：董事会不知道？

唐侠：董事会知道。

王利芬：知道，但没有那么细？

唐侠：对。我为这件事专门召开了一次董事会。

王利芬：实际上你特别希望能探索出一个结果来证明飞侠模式应该终止。

唐侠：是的。然后我也跟他们说，**新的飞贷科技的移动终端模式上线之后，我们的业务势头哪怕只占整个比重的30%，我也可能会正式宣布进行彻底的替换和切换。**

当然团队会告诉我这是一条不归之路，当把两千多人裁到只有两百多人，好不容易用两年时间形成十万飞侠时，又把有管理飞侠经验的两百多人干掉，宣布飞侠解散，如果互联网模式不成功，那将是灾难性的结果。但是我告诉他们，第一，我有备选方案，我不会在一个纯创新项目还没有产生成果时，就把这个全部终止。第二，我们没有理由相信它是一个失败的项目。

王利芬：小组负责人谁来做？

唐侠：是我亲自挂帅的。

王利芬：技术方面呢？

唐侠：技术是皮特、吴晨，当然曾旭晖也在里面，我几乎调集了一半以上的精英，有一二十人。

王利芬：在哪？

唐侠：就在我们那个扯淡中心，全封闭的。

王利芬：也就是在本部？

唐侠：对，本部。但是我们只有车勇一个人是跨两界的，我要跟他把所有的定向做好，告诉他这个事情的严重性，他的团队负责管理十万飞侠，他不可以走漏半点风声。

王利芬：事实上他没有走漏消息？

唐侠：当然没有，他是我们创业团队的一员，**我告诉他要坚守阵地，我没有吹集结号的时候他不可以离开**。他要把所有的精力投入到飞侠管理团队，等我吹集结号的时候再归队，我们不断地分析我们的策略是什么。

王利芬：你说需要很大的精力来说服董事会？

唐侠：是的。

王利芬：把飞侠干掉这件事情？

如今，所有的市场边界都在不断地被打破、重塑，没有哪个人或者企业可以百分之百地确定自己的竞争对手到底是谁。

唐侠：对。

王利芬：需要多大精力？

唐侠：**我们做过无数次的演练，做了详细的PPT，我们不断地演练这个逻辑是否成立。我们在危机没有到来的时候虚拟出一个危机，**但这个逻辑董事会不一定认，我们需要有详细的资料来支持我们谈及的定位，包括一个有理想的企业是应该怎样思考这些战略的，以及行业的痛点。

王利芬：董事会真的能提出那么多有挑战性的问题吗？

唐侠：他们主要是从战略上提出问题，这次因为在战略上的转弯太大了，没有涉及眼前的风险，完全是一种理念之争。我们认为这种模式可以走两年、三年，但是走不了五年、十年，我们用的是定位的理念来说服董事会的，但像定位这种小众商业理论，不是人人都能接受的。

理念是高大上的，但落地很困难。我觉得我们的团队打了这么多场仗，他们应该有一定的信心和佐证。我们曾经想到的最坏的情况，以摔杯为号，如果谈不下去，我就把杯子放倒，我们管理团队的董事便集体撤走。**我们做过无数次比这个更严重的演练。**

王利芬：那公司不做了？客户不服务了？

唐侠：我们当时是孤注一掷的，准备另起炉灶，我们将用这种新的科技打造一个全新的互联网模式

理念是高大上的，但落地很困难。

的团队，我们当时真的这样做了。但是我们也知道我们有百分之七八十的可能性能说服董事会，我们当时只是把所有的坏情况都想到了。

王利芬：就是要做？

唐侠：就是要做。团队在那个时候已经是高度一致了，只是我们唯一没跨过去的坎儿就是董事会。

王利芬：有几个外部董事？董事长是谁？

唐侠：中兴的。

王利芬：一个董事长？

唐侠：对。

王利芬：还有呢？

唐侠：股东方是四个董事。

王利芬：四个都不同意？

唐侠：我们内部管理层有三个人是董事，如果外部的四个董事都不同意，就意味着超过一半不同意，那我们就没戏了。

王利芬：像这样的交流有过多少次？

唐侠：这一次是最激烈的，以前的董事会是大股东和董事长之间的冲突，而这一次是全面的。

但是我们很幸运，也许我们的潜能被激发了，用我们的口才、逻辑思维以及理想去说服他们，我们说不能再那么干事了。我们不想要没有未来的企业，尤其是伤害到客户、不能给客户带来真正价值

我们不想要没有未来的企业，尤其是伤害到客户、不能给客户带来真正价值的企业。

的企业。

也许是这些理由打动了董事会，董事会出现了非常大的僵局，董事长甚至沉默了半个小时一句话不说，所有人都在等他表态。

王利芬：你在这半个小时里面没有推倒杯子？

唐侠：没有。

王利芬：你在等？

唐侠：我在等。

王利芬：除非他否定？

唐侠：除非他真的否定，我才会放弃我们继续说服他们的尝试。

王利芬：那天半个小时以后他是怎么说的？

唐侠：妥协了，**其他的外部董事绝大部分都同意，可能是基于团队的魅力吧**，团队在过去的这么多年从来没有摔过令股东很难看的跤，每一次创新都能产生成果，所以外部董事还是很支持的。除了董事长比较抵触外，其他的基本上都非常支持，甚至超过了我的预期。

他们认为我们是一个有理想、敢于折腾的团队，不需要它折腾，它都要折腾的团队，为什么不支持呢？

我毫无保留地告诉他们，第一，如果我们成功将是十倍收益，如果不成功这个公司很可能就没了。第二，如果同意我选择的这条路，要做好三年不盈利的准备。

他们认为我们是一个有理想、敢于折腾的团队，不需要它折腾，它都要折腾的团队，为什么不支持呢？

在这种情况下，非常感谢其他股东、董事，其他三位外部董事都投了赞成票。

虽然有冲突，但是最后签了字，不过我知道这也埋下了不可调和的病根，所以才会引发了后来我们管理层的收购。

第十二章

企业竞争战略理论
改变了飞贷什么

好的竞争战略可以更高效地转化顾客，在发动进攻时，让竞争对手无处可守。

王利芬：这个定位模式的结果是你们直接面向用户，如果我是董事长，我也会说："大规模地直接一步顶到用户那一层，将面临非常大的挑战。"

唐侠：是的。

王利芬：我认为第一个最大的挑战不是技术挑战，而是资金缺口的挑战，第二个挑战是你一定说用户的需求是越快越好、越多越好。一定是这样的，但这个需求你又满足不了，或者满足得磕磕碰碰，实际上这也是一个很大的问题。而且你的研发小组不可能并行到完全没有一点问题，你们不可能在一个全面的、真实的状况下实施，因为你没有直接面对用户，是在真空状态下模拟进行的。

唐侠：是的。

王利芬：如果我是董事会成员，让我同意也是比较困难的。

唐侠：是的，我能理解董事会一些反对的声音，虽然最后大部分董事是同意的，但是他们也需要一个了解的过程。我们现在回忆起来，团队在某些方面还是有一些偏执的。

如果这一次不转型，我个人认为，我们原来创业的目标是有问题的。我们只满足了客户群体的刚性需求，不能满足他们更有价值的需求。**在这次转型的时候，定位理论让我们思考了很多问题，我们的逻辑、愿景、使命发生了巨大的变化。**我们最开始的使命是非常简单的，用户有这个需求，但是没有任何人能满足，所以我给他们。那个时候我们所

> 在这次转型的时候，定位理论让我们思考了很多问题，我们的逻辑、愿景、使命发生了巨大的变化。

有的创新都是基于自己的愿景，其实就是为无法得到融资服务的人群来创造满足他们需求的可能性。但是后来定位改变了我和团队，我觉得愿景背后是有理想的，我希望能通过我们这种来自于外部世界的创新服务于真正的用户，哪怕是现有用户，我们认为他的痛点是存在的。即使得到了基本需求的用户，他的体验、产品价值、服务价值，是有诸多遗憾的，所以我们才在这种基础上总结出来有五大难。

但那个时候我们根本没有这样的视野，觉得哪来这么多难，不就是贷不到款的难嘛。

王利芬：以前没有做过用户画像？

唐侠：没有，没有做过任何的用户画像。

王利芬：你们同行业都没做过？

唐侠：都没做过。这五大难的原创来自于飞贷金融科技，在我们推出五大难的说法之前在全球都是没有的，是我们自己**通过大量的社会调研，改变我们的调研视野，把客户延伸到已经得到融资需求的客户群体，"他们有没有痛点？有没有潜在的需求？这种需求是什么？"**

这些打开了我们的视野，**所以我们提供的是一个随时、随地、随借、随还的，解决申请难、获批难、用款难、还款难、再贷难的服务。**

我们总结的这五大难点只能用一种新型的科技，用一种全新的移动互联网的风控技术来解决。

我觉得那个时候我们已经开始有一些理想了，

我们提供的是一个随时、随地、随借、随还的，解决申请难、获批难、用款难、还款难、再贷难的服务。

那时是从真正用户价值去看一个问题，从用户使用我们的产品和服务的价值角度来分析问题了。然后依据这个逻辑来搭建我们的商业模式，来改造我们的整个流程，来引领我们可能在各个环节上的一些创新，所以我说定位是有作用的。因为这个定海神针，我所有的配称都围绕这个中心发生改变。

王利芬：我听过一天半定位的课，后来也跟几位老师探讨，定位之所以在今天那么受企业家欢迎，或者说在今天有那样的刚需，是因为我们总体尤其是2C端处于一片竞争的红海，是一个过剩经济时代。

唐侠：是的。

王利芬：贷款这件事并没有过剩，而是上游不足，董事会如果知道定位，提出了这样的问题，你该怎么回答呢？

唐侠：我觉得我的逻辑是成立的，定位在充分竞争、同质化竞争的整个环境下，有巨大的威力，它能带领企业走出泥潭。但是真正伟大的企业不是这样的，真正伟大的企业是在没有竞争的时候就按照这条路先行一步地走了。

我分析过阿里巴巴，所有这些从零到一的变化，其实当时都没有竞争，他们在现有用户和潜在用户的心目中，用了这一套理论在做，虽然明面上没有理论在指导，但是他们所有的商业行为都暗合了这个方向。

我后来可能是理想的、偏执的东西多了一些，才有了这一次看似没有危机的一个危机。可能是我

定位在充分竞争、同质化竞争的整个环境下，有巨大的威力，它能带领企业走出泥潭。

想象出来的，但是我仍然认为我们对这个危机的界定，只是看得更远了一些，所以我在 2013 年写了一篇文章，《关于如何看待危机以及危机的三种现象》，其中我最认同的是，在危机没有到来的时候，如何前瞻性地感知危机的到来，将会创造无限的商机。

现在虽然还有很多的挑战、很多的问题在不断出现，我们还要去接受、去解决，但是毫无疑问，我们现在已经摆脱了上万家的竞争者，进入第一阵营。虽然跟 BAT 这一级还有很大的差距，但是我们的特色、趋势、口碑显现出来了，我对未来的憧憬更有信心了。

在危机没有到来的时候，如何前瞻性地感知危机的到来，将会创造无限的商机。

第十三章

转型互联网，企业带头人最需要什么素质

企业换脑的关键所在，就是企业一把手要先换脑，因为一把手掌握着企业前进的指挥棒和冲锋号，应该率先打破惯性思维，摆脱路径依赖，以智慧和勇气来迎接新战略，成为企业最好的宣传员和啦啦队长。

王利芬：我们把挑战一个一个地剥开，自从你打算直接用定位的方式来构造整个公司的其他资源的所谓战略的配称时，一定要让用户满意，建立用户的心智模式，直接到用户端。首先需要互联网人才，然后需要大数据技术，风控技术、风控能力要更加水涨船高地提升。

唐侠：是的。

王利芬：然后你的清算速度要比信贷模式传输分解的速度更快，而且要将四个技术合成一个，你们1.0版本的是5分钟，经过四个版本，然后到3分钟，一共提速了2分钟。

唐侠：对。

王利芬：我们一点一点来分解这里面的过程，比如互联网人才，你是怎么解决的？

唐侠：实际的结果是，现在我们科技团队的人员已经更换了80%。**我们主动淘汰的已经占了80%以上，真正留下来的是敢于学习、敢于转型，又愿意转型，而且有能力转型的这部分人，否则"要么你选择离开，要么我让你离开"。幸运的就是我们有皮特，过去的成绩并没有让他停止下来，他成功地转型为一个真正的移动互联网的科技人才，这个是令我非常刮目相看的。**

王利芬：从你的角度看，他的节点在哪里？他如何从一个 IT 人才转型为一个互联网人才？因为这是一个脱胎换骨的转变。

唐侠：我的直观感觉是他的学习能力极强，而且他有那种精神，觉得未来不管从个人、团队，还是我们的事业，如果这个转型跨不过去，这三者都没有未来，所以他基本上**用了全部精力进行自我转型**，而且我也看到了他带领团队转型的决心。他多次在团队宣导，告诉所有传统的 IT 人员："给一次、两次机会，我接受你们的转型，我指导你们转型，我一个不放弃。"

我从过去的转型经历知道，**这里面有太多的痛，自己转型的过程是一种痛，带领整个团队几十人、上百人转型，会有更多的痛**，尤其是给人力资源部门的压力太大了。后来我做了一个初步统计，应该是有 80% 以上进行了换血。

王利芬：实际上科技人才转型就是换血？

唐侠：换血，有一部分人转回来，但这个比例极其之低，不会超过 20%。

王利芬：比较庆幸的是领头人能自我换血？

唐侠：是的。

王利芬：**可是换血的代价也是挺惨重的**，他老婆要离婚这件事情，是不是换血的代价？

唐侠：是的，这个事给我的触动很大。**他一直不断地在挑战自我的极限，不断地在创新，这导致了家庭的失衡。**其中最典型的是他太太要跟他离婚，因为他几乎 80% 以上的时间是回不了家的，在特殊时期平均每天的睡眠时间可能只有三到四个小时。

人在强大的压力下，跟家人的沟通能力会急剧下降，也会产生很多情绪。我们了解到这些客观事实之后，整个团队能帮上忙的都在帮他。

王利芬：实际上他老婆没别的理由，就是因为

> 自己转型的过程是一种痛，带领整个团队几十人、上百人转型，会有更多的痛。

他不回家？

唐侠：这个时候已经不仅是不回家了，而且沟通方式出现了问题，因为他的压力太大了。

王利芬：脾气变坏了？

唐侠：对，就是这个原因，她太太说："我没法跟你生活了。"

王利芬：你会去调解他们夫妻之间的问题？

唐侠：是的，不管多忙，我都要做这件事。第一是愧疚，第二我认为他们之间不是根本性的、不可调和的矛盾，我认为我有能力解决。

王利芬：你怎么做呢？其实转型还需要他更多地投入和付出。

唐侠：这里面确实有皮特做得不对的地方，不仅是回不回家的问题，关键是语言表达、沟通方式的问题。**如果他的语言能够柔和一些，其实可以解决很多问题。**当然这是他天生的弱点，我们不断地尝试，让他接受这种观点。

王利芬：好在他太太是你以前的秘书。

唐侠：是的，她对我还是很认同的。我只是告诉她，皮特这样不是因为她，确实要去理解他、体谅他。我们不断地去灌输，不断地让他们去尝试都往中间靠，哪怕他们已经到了第二天要去办离婚手续的程度，我们还是不放弃。

王利芬：都已经到那个程度了？

唐侠：是的，他们两个人跟我说第二天要去办离婚手续，我让他们把离婚协议先交给我，放我这儿三天，他们也冷静三天。如果三天后还坚持的话，我派司机带他们去，当然这是一个策略。

王利芬：听说你把离婚协议撕了？

唐侠：是的。

王利芬：当面撕了？

唐侠：是的，我觉得不管是用极端的手段，还是柔和的手段，先让他们冷静几天，可能会发生根本性的变化。

王利芬：其实你的时间也是非常宝贵的，你还要调解他们离婚这件事？

唐侠：如果他是一个普通员工，我相信我可能真的没有这么多时间来调解，但是在转型过程中，皮特是一员大将，是一个关键性人物，而且我们确实看到了他的付出。我不调解好这件事，心里会过不去，即使再忙，我都会安排时间，每次沟通都是一两个小时，我觉得这是应该做的。

王利芬：会不会觉得真的很烦？

唐侠：烦过，我和陈伟做了大量的调解工作，加起来有二十回。

王利芬：就为他们离婚的事？

唐侠：对，做过各种大大小小的调解，有时短，半个小时、一个小时，时间长的两三个小时，任何时候，哪怕是半夜。

王利芬：还有半夜的时候？

唐侠：半夜他们闹矛盾没法调和了，会打电话给我。因为我们选择的道路是非常艰苦的，如果因为我们选择的道路使他们走到这个地步，我是有愧的。

王利芬：好，这是互联网的转型。

第十四章

企业可持续发展的长久之计是什么

衡量一个企业有没有生命力，就是看客户
的选择。如果他选择你，他是选择的力量；如
果他放弃你，对你来说就是选择的暴力。

我认为在思想意识方面的改变是最难的，往往团队会说受条件所限，会找一些客观的原因，但是我都不接受。

王利芬：风控一直是你们的一个优势吗？

唐侠：是的。

王利芬：从信贷工厂到直接接触用户，在风控这方面，你操的心多吗？

唐侠：**我的自我分工是产品和服务**，不管背后是清算的原因，还是大数据的原因，还是风控的原因，总之我们没有做到解决客户的痛点、获得客户心智的认同。如果目的没有达到，我会提出更高的要求。**哪怕不睡觉，这个事情也要拿下，要不断地把这个坑给趟出来**。我们现在不叫坑了，叫雷，原来是坑。因为坑太深了，每次跌下去都会遍体鳞伤，现在的小雷区，不会有致命性的东西，不会形成群体伤害。

在那个年代，我主要关注客户的认知，客户有没有因为我们推出的不一样的产品价值和服务而点赞。如果有人骂我，我心里的压力就会非常大，我也可能把我的情绪和要求传递给我的团队。

我认为在思想意识方面的改变是最难的，往往团队会说受条件所限，会找一些客观的原因，但是我都不接受。

这可能是我在这一次转型过程中最不近人情的地方，我为此发过很多次脾气。

我觉得衡量一个企业有没有生命力，就是看客户的选择。如果他选择你，他是选择的力量；如果他放弃你，对你来说就是选择的暴力。所有的客观理由、主观理由我都不接受，既然我们做了这个事，

再苦、再累，都必须拿下心智优势、认知优势的高地。

现在我在这个方面已经比较偏执了，但是我认为这个偏执是正确的。我也看过很多故事，包括阿里巴巴、腾讯和小米的发展过程，其实都是用户体验，**倾尽所有的力量来解决用户的痛点，然后让用户认同你**，最后他给你的是选择的力量，而不是选择的暴力。

我认为信贷金融服务虽然会出现体量很大、需求很多，甚至不愁找客户的情况，跟一般的行业比会有不一样，但是我个人认为**商业逻辑是不变的。**

想从一万多家企业中脱颖而出，走以前的任何一条路都是做不到的，我们只是初试牛刀，就已经有了这样的成果，我觉得未来如果我们还有机会，我们的资源整合能力还能达到那一步的话，**我相信几年后再回忆今天的时候，可能现在所谓的理想和偏执就是成功的主要要素。**

王利芬：实际上这次定位就是有一个目标钉在你脑海里面了，即获得用户心智模式是可持续发展的长久之计。

唐侠：是的，它是唯一选择。

王利芬：就是这句话？

唐侠：对，没有第二选择。

王利芬：这也是你未来能够突破 BAT 防线的一根稻草。

唐侠：我没有考虑过要突破 BAT 防线。

倾尽所有的力量来解决用户的痛点，然后让用户认同你。

王利芬：因为一定会有人反扑上来的。

唐侠：是的，我们的打算是永远去寻找它的差异化，无论是做金融科技还是科技金融，我跟BAT的差异性还是很大的。其实现在的差异性就很大，未来我相信、我也敢赌，他们走的不是我们这条路，这个差异性一定会长期存在。当然这种差异性也是我们努力出来的。

王利芬：他们会在哪条路上走？

唐侠：他们采用的更多的是非开源的技术，我跟北大的教授曾经讨论过这种现象，他们给我的一个定义是，他们是在一个封闭的供应链中提供金融服务，甚至现在转为用科技来支撑金融服务。

王利芬：如果有一天他们也开放了呢，他们也像你这样面向70个城市，有这种可能性吗？

唐侠：我现在判断他们不会这样做。

王利芬：如果有呢？

唐侠：到那一天再考虑。

王利芬：所以你不管？

唐侠：我不管，**现在如果考虑的太多，我会缩手缩脚，很多事情就做不下去**。我现在还没有精力把那些因竞争带来的未来的各种局面放到眼前，因为打商战是走一步看一步，未来我会进步，BAT也会进步。我们和君智是战略级的合作，我相信在这个领域的商战中，他们能给我很多正确的指导。

王利芬：定位是公共知识，别人也可以学定位呀？

唐侠：是的，但是定位的理论我接触了这么多年，也听说过很多学定位的企业家，实际上**光懂定位是不行的，还要定位实战**，这就是目前君智给我们提供的长期咨询服务，只提供实战，不提供理论的服务。

实战就是在竞争对手发生变化，影响到你的商业模式，开始趋向于不平稳的时候，当竞争对手有新动作的时候，你将如何应对新的竞争格局，如何在心智上抢先占领，有时候蚂蚁也能干倒大象。

每个企业都是从小做起的，小有小的麻烦，大有大的麻烦。我相信如果将来有一天飞贷有希望做大的话，会有大的麻烦，现在我小，有小的麻烦，未来的竞争一定会带来更多的麻烦。

王利芬：**所以说抢占客户的心智模式、服务好客户，创造你的独特价值，是可持续竞争的一个非常重要的武器。**

唐侠：**没有比这个更好的武器了。**

抢占客户的心智模式、服务好客户，创造你的独特价值，是可持续竞争的一个非常重要的武器。

第十五章

小额信贷企业用大数据工具如何挑战 BAT 风控

能否把大数据变成有效信息才是考验一个企业最根本的方法。实际上今天在数据孤岛的情况下，获取开源数据还是很困难的。

王利芬：我们刚才说到数据、互联网的人才，你一门心思要把这个武器牢牢地握到手，然后创造用户的价值。这当然是非常好的一件事情，我在采访你们团队的过程中，也感觉大数据获取的困难是很大的。

唐侠：是的。

王利芬：你自己本身并没有积累什么数据，你的互联网也是刚刚开始干，而且你接征信系统别人也能接，你接公安系统别人也能接，阿里本身还有芝麻信用，腾讯有巨大的用户行为模式的分析，所以你在大数据方面实际上是没有太多优势的。

唐侠：我在这里做一个区分，BAT 的优势是毫无争议的，比如腾讯的社交数据，这是它天然形成的，我没有；比如阿里巴巴的蚂蚁金服积累的电商数据，是别人无法替代的，这个优势当然存在，但是我认为这也可能成为他们的劣势。

从他们开始跟飞贷进行同一领域的交叉型竞争开始，我们已经在不断地关注这种现象，我也找了大学教授跟我一起解读这种模式。

我个人认为他们的这种优势可能会变成劣势的理由是，他们不会把更多的那种不擅长的数据接进来，就是开源的概念，到目前为止他们的发展轨迹仍然是基于他们自己的优势数据在不断地建设更多的特色模型，而我们没有任何优势。当然他们有借外部数据，但是他们借的都是央行的数据。

除此之外，中国的数据源在这个行业里面是快速发展的，飞贷的策略是不管是一百家还是两百家数据公司，我对任何数据源进行核实之后，都希望把它变成一个有效信息。

能否把大数据变成有效信息才是考验一个企业最根本的方法。所以我们现在的做法是虽然我们没有所谓的大数据，但是我们会把中国其他的丰富数据源进行整合。然后再来加快我们的数据模型的建设，这是我们跟别人不一样的，我的数据模型是开源的，所有的数据可以接进来，我只是在一点输出，就是对这个人的。

王利芬：对客户贷款人的输出？

唐侠：用金融画像进行一个准确的描述。

王利芬：**实际上今天在数据孤岛的情况下，获取开源数据还是很困难的。**

唐侠：是的。

王利芬：你可以获得，别人也可以获得，既然是公共数据，大家都可以获得。

唐侠：我前面讲了 BAT 的做法，因为它的优势用不完，所以它没有走出这一步。

王利芬：所以它不用别人的？

唐侠：是的。这一天什么时候结束，我不持乐观态度，因为确实它有巨大的优势，而且它是牢牢地抱住这个优势。**往往优势特别明显的时候会忽略另外一块，**我认为它在这方面连一小步都没有做。

能否把大数据变成有效信息才是考验一个企业最根本的方法。

第十五章

第十六章

飞贷在解决资金链问题上的思路是什么（上）

创业是带着一群未知的人去一个未知的地方干一件未知的事，再有能力的创业者也无法在出发之前就想清楚所有的事情。

创业者对很多问题都知道怎么办，只是在特定的问题和时间上，创业者需要一个陪伴者，需要一个壮胆者，陪他勇敢地跨过这道坎。

王利芬：还有一个非常大的问题，就是你这儿会获客，因为你们刚刚上线的 4.0 版的迭代，三分钟四个步骤，贷款最高上限是 30 万元，这非常诱人，你的用户量会暴增。

唐侠：对。

王利芬：再加上宣传等方面，综合优势爆发，这个时候你们还会遇到资产端的钱从哪来的问题吗？

唐侠：是的。

王利芬：老问题还是会出现？

唐侠：是的，**挑战一直存在，我希望找到一种全新的模式去破局**。所以我们才会引进保险公司、担保公司，然后让他们征信。

不管我们是做还是不做，资金问题都存在，只是严重程度不一样。所以我们在商业模式里面加入了一个利益关联方，它能够帮助我们做得更大。从现在看，势头非常好，虽然效果上会有一个时间差，但是我个人认为有望在今年得到非常大的缓解。

坦率地说这还不是解决问题的根本。这个资金也来自各金融机构，但只是给我们增加了征信。如果我们原来自身的力量能够做一百亿元的话，有了它可以做到三百亿元。

王利芬：这是靠什么手段达到的？

唐侠：它是金融机构认同的一种模式。

王利芬：有点像你说的担保？

唐侠：是的，它叫增加信用。

王利芬：你可以同时用多家担保公司，是这个意思吧？

唐侠：是的。

王利芬：现在只是一家？

唐侠：现在我找的是最有代表性的一家。

王利芬：拿到了多少钱呢？

唐侠：每一家都从 20 亿开始尝试合作，然后 30 亿、50 亿，从目前谈的情况看，未来他至少能给到我 300 亿左右的征信额度。

王利芬：会不会出现像银行那样的问题，一旦上游严加管控，或者国家政策的某些限制，又出现一些反复？

唐侠：一定会的。

王利芬：可是**你已经开了互联网的口子。**

唐侠：是的，这就是我踏上了一条不归之路，**这是目前我和整个团队最痛苦的事。**

王利芬：因为**这个口子是根本不可控的，**而且是几百亿资金的缺口？

唐侠：是的。

王利芬：你该怎么办呢？

没有故事的品牌就像一篇枯燥晦涩的数学算式，无人问津；而有故事的品牌，无论故事是精彩还是不堪，总会有让人记住的地方。

唐侠：我们现在已经开始快速地探索 ABS 这条路，这是第一个方向。第二个方向，我们可以建立20 家、30 家的立体银行体系。过去我们在资源分布上过于依赖几个主要的商业银行，我们认为有三五家商业银行就已经过得很好了，现在我们已经改变了资源配置，加大在资金端的建设投入。我们今年的目标至少新开发十家以上的合作银行。

王利芬：现在开发银行难吗？

唐侠：比以前要简单很多，毕竟我们有了一定的业绩和品牌，也是一种新的金融服务，**跟银行的差异化越来越大。这样才会有互补，才会有一定的认同度，完全同质化往往很难达到共赢。**

王利芬：你跟银行打交道的是个人征信贷款消费的部分，对吧？

唐侠：对。

王利芬：个人消费的贷款？

唐侠：对。

王利芬：这不属于中小企业的贷款，也不属于担保类的贷款。这个业务，银行现在是做不到的，但你能做到，而且跟银行还有保底，你们又做了这么多年，现在大规模接入银行应该是可能的事情。但是已经好几年过去了，**是什么东西在阻碍你们大规模地接入银行呢？**

唐侠：互联网。我们的创新过快，**国家对互联**

网这种方式在法律上还没有一个完全的定论。我们现在做的是一种金融科技，但因为 P2P 的冲击，使整个传统金融界，甚至监管层，对互联网金融还有一定的误解。

王利芬：就像你当初抵触 P2P，那个 P 的互联网一样的？

唐侠：是的，我们现在必须成为整个新金融的一分子，必须承受这种误解，我相信这个误解迟早会解开。从逻辑上分析，应该很快会有大量的银行接受这种新的商业模式所带来共赢的交易结构，但是现在我们已经不是过去传统的线下客户群体，现在用的是一种全新的移动互联网科技，我们三分钟就能解决问题，而银行可能是三十天。

我们在跟银行打交道的过程中，他们认同我们，但不代表监管层认同我们。

我们目前要不断地推动整个行业和监管层能看到我们这种创新背后的意义、真实性，以及合法性。作为这个行业的创新者和先行者，我们必须承受行业带来的时间上的错位以及监管带来的错位。

银行从自身的市场角度来看，是非常愿意跟我们合作的，但是一旦涉及创新是否合规、创新是不是太快、是不是稳一稳再看这些质疑的时候，他们往往会牺牲掉市场而去求稳，这就是我们目前很难解决的问题。

不要被目前媒体上资本寒冬的言论误导了——今天不是寒冬，是常态，以前是不理性，是过热。

所以现在如果有 ABS，**我们可能会非常愿意尝试，哪怕成本高一些，哪怕在这个痛苦的过程中，我们会牺牲掉财务数据。**

王利芬：一些利润？

唐侠：对，**哪怕在这个阶段没有利润，甚至亏损，我们也得承受，因为我们要度过被认同的寒冬。**

王利芬：**所以你宁可跟险恶的市场打交道，也觉得好像推动银行和监管的墙更难。**

唐侠：我只能等待，我只能做有限的推动。

王利芬：这个地方是很难撬动的？

唐侠：是的。

王利芬：比如说建行，第一个认可你们的是深圳的建行，它跟着你已经走了这么多年，也看到了你的技术跟它的接口，也看到这个钱没有到你这个地方来，而是直接跟用户对接，也看到你效率和风控水平的提高，其实在这一个口子上，应该开得越来越大啊？

唐侠：我们用互联网进行无缝对接的新模式时，第一家接进来的仍然是建设银行，从过去的六个多亿，迅速扩大到二十亿、三十亿、四十亿。

王利芬：现在是一百个亿？

唐侠：现在正在谈的合作应该是接近一百亿，甚至我们跟他们的管理层谈到，未来如果我们的认同度越来越高，能达成一致的话，可以考虑在两三百亿的规模上进行合作，这不是没有可能，但是这里面的波折很多。

王利芬：**是什么在阻挠这个事情呢？**

唐侠：监管。

王利芬：是银监会和整个银行业的监管，还是建行内部系统的监管？

唐侠：是外部的监管。

王利芬：建行跟你合作这么多年没有坏账，你在兜底坏账，对吗？

唐侠：对。

王利芬：那这个事情与监管有何关系呢？

唐侠：监管认为万一哪天我们没有能力兜底了，这个所谓的坏账还是会回到银行。

王利芬：那就是说你们整个资产的抵押是不够资金需求量的规模的？

唐侠：实际上是够的。

王利芬：够，但监管不相信？

唐侠：是的。

王利芬：你们现在资产端的规模有多大？

唐侠：目前我们资产端完成一百多亿的业务量是一点问题都没有的。

王利芬：那为什么还不放款呢？

唐侠：需要有一个认识上的不断磨合。**我相信未来的路非常长，我们愿意去推动和等待。**银行确实需要用不同的视角看问题，我们要给它足够的时间，**要有足够的耐性。**

王利芬：它需要足够的时间，可是客户等不起啊，因为互联网的获客能力是呈几何级数增长的。

唐侠：所以我们把从 70 个城市开放到 150 个城市的计划压后半年了。

王利芬：现在只能做 70 个城市？

唐侠：我们本来有做 150 个城市的能力。而且现在我们开始妥协，向更多的渠道、更高的资金成本调整。这也是为了保住客户的总体，牺牲了我们的利润。我的业务量可能会增大几倍，但是财务数据不好看了。

王利芬：你需要的是市场心智模式的迅速占领？

唐侠：是的。

王利芬：还是这根筋在作怪？

唐侠：是的，我们可以不赚钱，但是既然我们接手了这个事情，我希望在我们手上能做好，能达到我们的目标。

王利芬：问题是可持续发展。你们是中间的一个小平台，当你发展得越来越大，客户需要的钱越

> 不要被目前媒体上资本寒冬的言论误导了——今天不是寒冬，是常态，以前是不理性，是过热。

来越多时，这边如果真的供应不及，哪怕你自己的利润缩得再少，还是不配称的。

唐侠：是的。

王利芬：这个中间的账你们算过吗？

唐侠：算过，我们会采取缩小城市的范围，提高通过率，只做信用更高的客户，把有一定风险的客户关在门外等措施。

王利芬：调整算法？

唐侠：对，我们有很多种调整风控的算法，在3% ~ 13%的空间里，我们可以任意地去调整阀门。我们已经做了一年多的测试，效果非常好，但这都不是我希望看到的。

王利芬：你希望用户有需求？

唐侠：是的。

王利芬：凡是短小贫瘠的用户都是你们的用户？

唐侠：是的。

王利芬：然后这边有源源不断的资金，但这个资金其实就是问题。如果你合作的第一家、你的老东家建行这个口子撬不开，你们资产证券化的速度可能是更大的一只咬人的老虎。

说老实话，其实你接通的是二级市场的资金和风险，我觉得那个风险也非常大，这是第二条路。第三是担保，担保也存在承诺了没法兑现的问题。

顾客的真实需求不是一件产品，而是产品背后能够实现的功能。当今时代，是顾客主宰市场的时代。是我喜欢我选择、我不喜欢就不选择、你干着急也没辙的时代。

唐侠：是的。

王利芬：还有没有别的"弄钱"的办法呢？

唐侠：现在我们可能会去参与一些平台的建设，比如目前在 ABS 平台的建设上会有新的突破。我们在不断地关注动态，希望在这个平台的建设上我们能助一臂之力。我们也拿到了承诺，就是这个平台将来建成之后，我们将被列入资产证券化的第一家。在他们的概念里，资产证券化的体量是千亿级，我们刚刚参加完务虚会。当然，对今年年底或明年上半年能做成，我是持乐观态度的。另外，在资产的规模和利润之间，我的选择是规模，我可以薄利多销，可以不去上市，不去讨好中小散户，我要的是长期投资者对我们的认同。我可以业务增长三倍但利润只增长 20%，我可以这样接手，所以我不会有资本市场上的压力，我没有那么快去上市的追求。

王利芬：还有别的路可走吗？比如说基金是一个吸纳大户资金的方式，做几个大基金也是一种方式；还有一个方式是绑定一家银行。

唐侠：是的。我们团队在这方面虽然有理想，但是也有妥协。

我们希望能找到一个真正认同这种创新和未来趋势，能长期真正供应资金的机构，我们原来在这方面完全没有考虑接受这样一个股东。

现在因为移动互联网的到来，我们的转型算是成功了，我们做了很多思考，资金与资产供应的矛盾比以前更加凸显了，除了我们已经寻找的可能性之外，还有一个方式是可以完全做到的，就是在股东层面吸纳有这种强势资源的股东。我们团队现在达成了高度的一致，只要这个事能做成，任何条件我都可以同意。

王利芬：控股行吗？

唐侠：可以。

王利芬：控股也行？

唐侠：是的。

王利芬：你反过来给他打工？

唐侠：是的。

王利芬：实际上控股是不可以的。

唐侠：为什么说是可以？因为我们团队在这方面只有一个选择，否则我们做的永远是一个不想要的平台。一旦错失这个机会，就算我们对这个企业百分之百控股也是没有未来的，这是我们自己现在的一个认识。

但是所谓控股，也不是简单的控股方式，前提是我们要百分之百的经营权。别人可以来控股，但要把条件谈好，作为加持来添加他们的社会资源，集中在资金资源。别人之所以愿意进来，也是看中这个团队、平台过去在创新和技术上的突破，以及不一样的服务理念，如果不是这样，也不可能成为我的股东。

王利芬：你接受控股，但是你有相应的限定条款，让你的整个经营决策以市场的方式来走，而不会受限于一个控股股东。因为控股股东都是国企，只有能国企才能给你吸储能力的银行的背景。

唐侠：是的。

王利芬：如果用国企的方式来管你，中兴通讯这样一家公司你已经打交道够了，再来一家的话，我觉得可能那个老虎咬人的凶猛程度会更大。

唐侠：是的，现在没有一个完美的方案，但是我们愿意去尝试。我们开始与非常大的这种机构尝试性地进行谈判，过去我们是拒绝的，现在就看谈的具体条件怎么样，如果条件好、吻合，我们会用法律条文来界定各自的责权。

王利芬：如果这个时候一个国企来做你的控制型大股东，你觉得这样的条文和界定真的那么管用吗？

唐侠：也许是一种理想吧。

王利芬：你愿意把整个企业的未来、与市场对接的未来，赌在这个所谓的理想上吗？

唐侠：这一刻我没有一个标准的答案，也没有一个最后的答案，只是在这个困难的特殊时期，代表我们一种新的妥协、新的想法。

现在没有一个完美的方案，但是我们愿意去尝试。

王利芬：是不是这个困难的压力太大了？

唐侠：是的。

王利芬：**宁可让人控股，你也需要有这样一个大的银行背景的股东进来？**

唐侠：是的。

王利芬：或者说你觉得太难了，前面走不动了，真走不动了吗？

唐侠：如果我只要小富即安，完全有解决办法，我不用服务那么大的客户群体，不用开放那么多座城市，照样可以过得很好。但是这是一个选择性问题，**如果我们想服务更多的受众群体，想在更宽泛的用户人群中建立这种所谓的认知优势，我相信我们要去平衡好取舍。**到底未来会走到哪一步，坦率地说，**我刚才的回答不是标准答案，仅代表一种心态。**

王利芬：因为太累了，因为搞资金太难了？

唐侠：是的。

王利芬：所以这个时候要急于拥抱一个有资金吸储能力的人，哪怕控股也在所不惜？

唐侠：**我也希望拥抱新的政策。**如果有政策的暖风，不管是从银行、从市场还是从商业的角度来讲，没有一家银行不愿意跟我们用这种共赢的方式去合作，只是他们受限的东西太多。

如果我们想服务更多的受众群体，想在更宽泛的用户人群中建立这种所谓的认知优势，我相信我们要去平衡好取舍。

王利芬：因为他们自己无法主张自己的做法？

唐侠：非常对。

王利芬：但是你觉得，他们自己无法主张自己的做法，能够履行跟你签的所谓的合同吗？跟你们合作，他们永远能够盈利，相当于用你们科技的手段把银行的消费金融做起来了，你们成为他们的一个部门。对他们来说，这个太好了，太完美了。

唐侠：是的。

王利芬：为什么不能这么干呢？因为整个国家的监控环境，对这个东西的认知是有偏见的，或者认知没有那么到位，所以银行不能这样干。如果一家新的大的控股国企股东跟你进行合同式的所谓的经营层的转化，让你们按自己的方式走，你觉得这张纸有用吗？

唐侠：我抱着这种奢望吧，要看谈的成果，现在这一步已经走出来了，也谈了一轮了，我们会在4月谈第二轮，也有其他公司递过来橄榄枝了。我觉得您刚才提醒得非常好，即使签了这样的合同，最后又如何？这个问题确实摆在我们面前。

王利芬：可能会颠覆得更快，因为那样的话你基本上是一个国企主导型的企业。你见过一个国企会完全按照市场的做法来运营吗？

唐侠：**确实值得深思。我们现在可能是基于这个压力、基于市场的需求，因而不愿意放弃任何一**

种可能性，当然我相信我们最后的选择应该在理性和感性之间平衡好，您刚才的提醒对我的触动很大。

　　按照理性来说，我和团队成员都不是这种人，我们从过去的那种模式、那种股权结构花了那么大的成本，好不容易走到现在这个样子，是否又要走回老路？要下这样的决心，要真正走出那一步，不是那么容易的，可能我们要在说服自己的这条路上走很长时间。

第十七章

飞贷在解决资金链问题上的思路是什么（下）

"善守者，敌不知其所攻。善攻者，敌不知其所守。"什么意思？就是你找到的位置既要基于事实，又要让竞争对手守无可守，对你无可奈何。

王利芬：其实最难的是更多的资金满足扩大用户规模的需求。这个扩大用户规模，实际上是在最快的市场窗口期，占领随借随还这样一个贷款用户的心智模式。

唐侠：是的。

王利芬：所以你找资金像疯了一样，现在把最大的宝押在 ABS（资产的证券化）上？

唐侠：是的。

王利芬：你认为这条路靠谱吗？

唐侠：从目前看，我找到了最靠谱的可能性之一。就在十天前，我们做了很多的深层次沟通，也拿到了这样的承诺。他们对我们公司进行了非常长时间的跟踪，在我们建立这个平台的时候也去看了，未来我要愁的不是资金端，可能是资产端，所有的链条出问题，其实都是资产出现状况，然后资金才会出现状况，出现风险。所以他们做这个项目的平台，也是要寻找优良资产，对风控有严格把控的平台所形成的资产。

他们对我们的考察不是一两天了，已经有一两年了，我们正好有这样的需求，所以一拍即合。在技术上、在内部整个的流程上，我们会给他们提供无偿的支持。为了最先进入到这种平台上去，我们会用我们的技术力量、其他团队的力量去支持他们，而且是免费的。

王利芬：是跟深交所联系的？

唐侠：类似这样的机构。

王利芬：为什么没有直接联系呢？

唐侠：实际上现在有更创新型的平台，也是级别很高的平台，其实在这方面已经进行了很好的尝试。未来要规模化的话，我估计需要半年左右的时间来建设。有幸的是，我们在整个建设过程中已经深度参与了，但是我觉得这仍然不是一个……

王利芬：快速拿到资金的方式？

唐侠：我认为还有多重的可能性，第一个是银行及监管的政策和思想开放度的暖风吹得更快一些。

王利芬：你们有没有试图，比如向银监会这种全国性的监管机构讲你们的模式？因为他们接受银监会的监管嘛。

唐侠：是的。

王利芬：甚至到央行？

唐侠：实际上我们在跟银行合作的过程中，人民银行、银监会到我这里来的次数已经不少了，对我们这种模式很了解，但这都是来自地方的人民银行，所以在深圳合作的时候，给他们报备，他们是不投反对票的。

在总行这一级，我们还没有这样的能力，也没有这样的社会资源，我相信即使我们有的话，这条路也会比较漫长，目前这是我们的一个猜测。

王利芬：压力来自人民银行，还是银监会呢？

唐侠：其实更多的是银监会。

王利芬：银监会是可以沟通的，这不需要什么资源。

唐侠：其实我们一直希望我们的合作方，比方说某几家银行，他们去推动他们的监管方。实际上，我们跟监管城市很难有直接对话的机会，因为我们不受它监管，我只是技术提供方和商业模式的整合方，所以在这种高级别的部门里面，我们在这方面是有依赖心理的。

王利芬：银行受银监会全国性监管的一些限制，或者还没有和你们、和市场同步的掣肘，银行的钱不能放那么多，ABS 这件事，还在别人共同免费参与的这样一个协作过程中，银行又都来自国有，担保是不是可以做更多，也是一条很大的路子呢？

唐侠：是的，我们在考虑用多种立体的方式提供解决方案。第一是多家银行，当然我们希望能影响到背后的监管层。第二条路是 ABS，P2P 属于备选，我认为 P2P 太漫长了，至少需要三五年。

王利芬：对，在可以预见的三五年内，P2P 基本上是不可能的，还会有源源不断的跑路。

唐侠：是的，ABS 可能更规范，它是机构投资者，所以我们还抱有一些希望，P2P 不用抱希望了。我们尝试的第一家已经成功接入，增加了几十亿，即将正式上线。有了第一家，就会有三五家，我希望这种模式能在时间窗口上给我们一些帮助和支持，等待各种利好的推动。

王利芬： 在资金提供端的不确定性非常大？

唐侠： 是的。

王利芬： 这是最让你睡不着觉的地方？

唐侠： 目前让我和团队都睡不着觉的就是这个问题，所以有时候病急乱投医，比如我可能放弃我的原则做的一些股权设计，其实就是在这种压力下产生的。

王利芬： 对，我感觉那是一条所有的东西都会毁于一旦的路。

唐侠： 如果我不放弃团队在未来做大做强的理想的话，我一定会遇到这些麻烦，但是如果要退守成小富即安的状态是非常容易的。就是我有多少量就做多少，也不用去建立强大的心智模式，我退守到我原来的使命，那种团队自我的原始使命，就是去提供有限的能力。

王利芬： 那前面不是白费了吗？

唐侠： 是的，这也可能是一种选择，当然这不是我愿意看到的选择。我认为看怎么去界定，如果说是从很大的未来看，我觉得它的不确定性太多，但如果从小富即安的角度看，我认为我还是可以的。

王利芬： 还是挺挣钱的。

唐侠： 我们也想过，不挣这个钱了，做一个纯科技公司，做技术输出，回到研信科技那条路，也是一种小富即安的状态。

> 如果要退守成小富即安的状态是非常容易的，但是前面的努力都白费了。

王利芬：那也做不长，因为技术也是有壁垒的，没有人这么做。如果说信贷工厂那个时候还可以做一做，我觉得你果断地从那一条道拉回来还是很明智的。今天如果把整个风控大数据等做一些技术的输出，可能都不是一条路。

所以我真的觉得，**互联网直接和用户打通的这条路，基本上都快把你们逼疯了。**

我现在在想，**你觉得谁是你们的竞争对手？**

唐侠：**其实从目前看，我们可能不是被竞争对手打败的，**实际上我们一直没把 BAT 作为竞争对手，因为它的市场规模和体量足够大，但是跟我们的做法不一样，它还是在原来积累的客户群体内循环，在做需求和产品的设计，而我们完全可以开放到全国任何市场，不用有固定的消费场景，所以是差异化竞争。

硬要说现在同质化的可能性，我认为平安普惠是一个非常大的参照物，当然我们现在不能把它作为竞争对手，因为我们还没有这个资格，但是未来如果让我们放开手脚去做的话，我们可能入它的法眼，成为它的竞争对手。

王利芬：你的确现在还没有入它的法眼？

唐侠：是的。

王利芬：我也问了他们有没有把飞贷当作竞争对手，他们说好像还没有研究这家公司，这当然是非常客气的说法，因为贷款需求这件事在全国范围

大数据时代，各项数据俯拾皆是，我们并不缺少数据资源及工具，缺少的是挖掘有用信息的"数据炼金术"及辨识真伪信息的"火眼金睛"。

内的需求量很大，现在都分散在各个点上，并没有形成短兵相接的态势。

唐侠：我得到的他们最高层的信息是，他们不一定把飞贷当作竞争对手，但是对飞贷的关注程度是极高的，是属于最高级别的。

王利芬：但是它有一个比较重要的优势是，陆金所给它提供源源不断的资金，而你要为资金发愁。

唐侠：是的。

王利芬：你觉得这种情况下两家能在一起竞争吗？

唐侠：所以说我没有把它当作竞争对手，它的社会资源和资源整合能力比我们强很多。但是我不知道为什么全国几千家P2P受到监管，而这样的P2P不受监管。其实它的资金不是来自平安银行，主要来自陆金所，陆金所算不算P2P呢？我不敢挑战这个问题。

王利芬：即便它算，它也不是你要做的P2P，国家对它的管控也比你的松。

唐侠：是的，这是必须接受的。坦率地说，**我们目前是向别人发起攻击、爬坡的时候，不是被人家作为平等的，或者比你低的来攻击的时候，所以我们把更多的精力放在爬坡的过程中，考虑更多的不是竞争对手。**我们所处的位置不一样，这是第一点。

第二点，这个市场足够大，不能用某一些行业的逻辑来衡量，它们市场的容量就是几百亿、上千

在建立运营优势时，有一条原则，就是不要尝试把大海煮沸。每个企业的资源都是有限的，试图在每方面都做好，那结果必然是分散资源，在每方面都做不好。

亿，而这个市场是多少万亿。我们现在能做到几百亿，将来就能做到一千亿。

王利芬：犹如大海中的一滴水？

唐侠：是的，现在陆金所加起来的发生额一年也就是一千多亿，我第一年上线做了一百多亿，可能只有它的 1/10 的体量。

王利芬：可不可以跟保险资金打通呢？

唐侠：正在尝试，去年年底几乎要尝试成功了，但是我们还是把所有的精力放在了银行，这是我们目前要反省的，所以未来有很多的可能性等待着我们，压力也是扑面而来。我们的科技的投入、风控模型、数据模型，已经可以迎接 200 个城市，但是资金没有做好配称，所以我们只能放慢脚步，这就是我们目前很难突破的地方。

其实七年来的创新都在不断地突破，如果没有这种乐观的心态，我们早就死了很多次了，我们是打不死的小强。

王利芬：你们的年化利率最高是多少？

唐侠：我们风险定价的策略是在中国做到第一个市场化定价，所谓市场化定价是初始定价。第二个动态定价。不同的 36 类客户人群原来分为四个档次，现在分为九个档次，甚至二十多个档次。我们这次分得更细，每一个初始定价都不一样，初始定价低的是 10% 左右，最高的达到 20% 左右。我们马上要上一个更有意思的定价体系，就是每个人只要

其实七年来的创新都在不断地突破，如果没有这种乐观的心态，我们早就死了很多次了，我们是打不死的小强。

跟飞贷产生连接，我们会根据个人的行为数据、通过行为模型来判断未来的趋势。原来定得高的，可能很快会下降，原来定得低的，可能会上升，这是一个全新的动作。

第二个动作，因为我们无法满足每个人的需求，但是我们会根据个人的行为、数据来增加或减少额度，这又是一个动态管理，需要将更多的大数据、更灵活的模型、更智能化的工具叠加进去，我们已经研发成功，而且在内部测试了很长时间，之所以不敢快速推进，不敢大肆宣传和传播，无非是为了建立一个好的心智认知。当心智建立了以后，需求量更大了，我们的资金怎么办，所以现在这些东西都做了，只是不去做发布会。到现在为止，我连5月份开发布会的信心都没有，问题是我如何解决我的需求。

王利芬：因为资金端配不上？

唐侠：是的。

王利芬：你刚才说年化利率最高是 20%？

唐侠：对。

王利芬：从竞争对手那儿研究你们的年化利率最高达到 46%。

唐侠：如果把所有的银行部分和罚息部分算进去的话，它的答案是正确的，但是这种比例是非常低的。

王利芬：什么样的人能够用这么高的年化利率

来拿钱？

唐侠：非常短的，比如七天的、十天的、短期的。

王利芬：三十万是比较高的？

唐侠：三十万不高，一般这种客户都是额度比较低的，比如三五万的，短期的这种会比较多一点。我要对这种客户群体进行行为数据测试，如果有逾期行为的话，我们一定会用惩罚的方式让客户付出更高的成本，要告诉客户"你的行为是用成本来衡量的"。

王利芬：i贷目前最高的年化率达到40%的，就是平安普惠。

唐侠：我们原来一直将平安普惠作为线下的竞争对手来看，它在利率方面其实并没有优势，我们在利率水平方面一直没有输给平安普惠，我们输的是资源整合能力，就是资金端，因为我们背后没有一家跟我们有血缘关系的银行，没有一个国家可能会另眼相看的陆金所、P2P，我们可能没有这样的资源能力。

王利芬：为什么当初没有让中兴通讯去拿到一个银行的牌照呢？

唐侠：因为当初跟中兴通讯一直处在一个对立的状态，它的人员变换太频繁了。这个工程是需要连续性的，一旦中断的话，我们所有的努力都可能会化为灰烬。

王利芬：如果现在跟一家银行去做一家类似微众的银行，你愿意参与到银行的建设而不让银行直接控股你吗？

唐侠：我当然是很乐意去尝试的。

王利芬：在你们内部没有部署这样的工程，你现在是一个纯民营的企业，对吗？

唐侠：对。

王利芬：把中兴通讯卖出去了，是好还是不好？

唐侠：我个人认为是好，虽然现在困难很多，但是我们更灵活了。

王利芬：如果现在还有一个国企在里面，你用它的一些身份去拿到某些牌照，是不是也是一种做法？

唐侠：这条路目前对我来说是很漫长的，首先要解决合作方与我们的股权关系，第二还要去拿新的牌照，其实这条路是很漫长的。

王利芬：你要引进一家国有的银行来控股，那不是更漫长，可能还不如中兴通讯？

唐侠：所以说这条路我们也是在探讨。其实我还是很坚信未来的，**因为中国不断在进步，金融不断在改革，方向都是对的，只是节奏上可能会令我们有一些难受，但是方向从来没有错过。**

王利芬：**节奏是这样的，很多公司就死在这个节奏上。**

唐侠：是的。

王利芬：当这头的资金需求量越来越大，你的心智模式还没有建立，而另外一家抓到了这样一个

方向都是对的，只是节奏上可能会令我们有一些难受，但是方向从来没有错过。

窗口期，因为心智模式只承认第一家。就像史总说的，"送礼就送脑白金"，他说过了，后面的人再说都没有用。

唐侠：是的，但是我唯一不认同的是，如果把它视为一个体量巨大的金融产业，可能要辩证地看这个问题，我曾经跟谢伟山老师谈过这个话题。

王利芬：你觉得会有三五家的机会？

唐侠：可能不止三五家。

王利芬：心智模式可能没有那么多，竞争的格局会有几家。

唐侠：我认为竞争的格局不会低于十家，同时从心智模式的角度来看，同样一个心智模式可以容纳几家。

王利芬：除非你**把你的定位进行窄化、细化、独特化**。

唐侠：还有一点我也跟谢老师做过一些更高层面挑战的假设，如果面对这些新的竞争格局，真的正面竞争开始冲击到对方或者对方冲击到我们的生存的时候，我们将如何重新定位。这也是君智和谢老师所擅长的，我跟他们做了很多方向的探讨，而**不是说一个定位做完了，三五年不用变，可能每年都要变**。未来飞贷金融科技的定位是不是每年要变，是不是三年一大变、五年一小变，我们都不知道。

现在是我们最困难的时候，也是需要更多创造

不是说一个定位做完了，三五年不用变，可能每年都要变。

性思维的时候，也是挑战最大的时候。我相信天道酬勤，我相信我们目前的商业模式能让我们生存下来。只要我们的团队还在，那股精气神还在，商业上的心智窗口不关闭，我们就会有发展。

但是这个问题我跟谢老师、徐老师探讨过，我们是不是可以重新定位、是不是可以在巨大的市场中分得一杯羹，这个都是有可能的，现在下这样的结论为时过早。

今天王利芬老师给我提了这么多视角的问题，坦率地说，我收获非常大，这也是一个企业家应该经常考虑的不同的声音带来的视野上的开拓。我会把它带给团队，用集体的智慧去解决，让我们有更多的耐心去等待或者创造。

用集体的智慧去解决问题，用更多的耐心去等待或者创造。

第十八章

唯一入选沃顿商学院案例库的中国金融案例

互联网时代创业的核心词：会说话的产品、粉丝级用户、与用户互动、迅速迭代、口碑传播、量大利薄。

王利芬：我看了你们的资料，发现**很多时候你们用的是案例的方式来进入人们的心智模式**，比如沃顿商学院的教授给你们背书，你们的案例也进入了武汉大学。你为什么会用案例的方式来和企业结合在一起呢？

唐侠：这要回到定位，**不同阶段要用不同的最有效的工具植入。**

在品牌建立初期，更多地需要的是一种信任状，**信任状在品牌早期起到的作用是无法想象的，所以我们在选择信任状时使用了很多客观事实，用了一些我有别人没有的东西，比如美国沃顿商学院。**

他们确实跟踪了我们几年，把我们作为中国金融案例的重点进行研究，而且是全球的教学案例，美国本土的学校也在教。武汉大学是我的母校，很多博士生到我这里做了 N 个月的调研，没想到他们代表武汉大学拿下了金融类百优案例，这个是我们举杯同庆的，我原来不认为它有这么高的分量。学院领导还有教授对我们的评价很高，让我们受宠若惊。

用这些去做定位的话，会成为我们的信任状。**因为过去的竞争带来很多负面的认知，我们需要信任状去客观地反映我们跟别人不一样的地方。**信任状是否继续用下去，是否用更多的视角去占领心智，我相信君智、徐老师、谢老师，他们会提出更合理的建议。

王利芬：你把他们当作你的智库了？

唐侠：是的，他们毫无疑问是我首选的智库。

不同阶段要用不同的最有效的工具植入。

王利芬：沃顿商学院的那位教授是怎么认识的？

唐侠：我完全不认识他，是他自己找来的。

王利芬：直接写信？

唐侠：他通过中国的一些机构和沃顿商学院的中国校友找中国的案例。目前中国有很多创新引起世界的瞩目，当时沃顿和哈佛两家先后递出了橄榄枝，当我们把这个情况反映给沃顿的时候，沃顿坚决不同意，说"我们先来的，我们一定会持续跟踪"。

所以从2012年到去年，已经有两个案例成功入选沃顿案例库，他们准备写第三个案例。武汉大学也准备再做一个案例，继续申请奖项。

王利芬：那位教授现在是你们的股东吗？

唐侠：是我们外聘的独立董事，不是股东。

王利芬：对于解决资金端的问题，他真的能提出一些有建设性的建议吗？他提出的建议是什么？

唐侠：他跟你一样，提出过非常尖锐的不同视野的话题令我思考，我认为这是很大的贡献。另外他提供很多国外的佐证给我们看，比如创新的方向、架构、交易结构，他在这方面做了很多的贡献。同时也会在内部管理上给我很多的支持。作为一位独立董事，能这么负责任，也让我第一次体会到了教授的尽职精神。每次开董事会他都亲自从美国飞过来参加。

王利芬：你们董事会一年开一次？

唐侠：一次到两次，每次他都必到。

第十九章

飞贷的核心竞争力是什么

　　每当人类出现大萧条，其实背后的原因是人类的知识出现了断层。我们目前面临的经济萧条和经济困境，其本质是在竞争环境激烈变化之后，我们的知识储备已经不适应在大竞争环境下生存的需要。

王利芬： 采访到这里，忽然觉得在跟互联网接通之后，你们的路好像越走越难。

唐侠： 现在下这个结论我接受，但是我是一个乐观主义者，如果用发展的眼光来看的话，这条路未必越走越窄，我们拭目以待。

王利芬： 我希望不难。我说的难是指你设定的目标，一旦启动了互联网进程，直接一竿子捅到用户，实际上你就特别希望能够以用户的视角、满足用户的需求来倒逼你所有平台的内部流程管控，以及外部资金的资源组织。

唐侠： 是的。

王利芬： 如果你一竿子捅到了这儿，但后来又做不到的话，实际上是某种意义的失败。

唐侠： 是的，但是我还是有很大的信心。28年的金融从业经历告诉我，实际上可能不用漫长的等待，快的话可能也就两年，会有一些突破性的东西等在那个地方。

王利芬： 会在哪儿呢？

唐侠： 可能我会把更多的精力放在非银行金融机构，这是第一条路。第二，我们现在很快要启动跟信托的合作，信托的体量也是不小的，在这个行业里面单体做到三五百亿支持资金的，有成功的案例，而且是现存的。对 ABS 我仍然抱有乐观的态度，可能在这条路会有一些曲折，但是我相信团队是乐观的，我们会倾尽三分之一的力量来解决资金的问题。

如果用发展的眼光来看的话，互联网这条路未必越走越窄，我们拭目以待。

王利芬：你现在晚上做噩梦吗？

唐侠：不做噩梦，但是我的身体很累，不过我接受。

王利芬：其实累都在资金端。

唐侠：是，还有一部分是运营、科技的挑战，但是我觉得跟资金的问题相比都还是小问题。

王利芬：其他一切问题相对于资金端的难搞都是轻的？

唐侠：是的。

王利芬：资金端更加不可控，是你们更加不熟悉的战场，这里涉及政府、国企。当然二级市场还好，我觉得你们本身就来自资本市场。

唐侠：是的。

王利芬：这个是有一定的经验，未来有可能是一个组合拳起了作用，东方不亮西方亮，我脑袋里面突然想到了一个人——贾跃亭。他因为自己没有钱，而去不停地拿股票贷款，相当于五个盖子要盖八个茶壶。这些茶壶就是用户的需求，然后这些盖子实际上来自信托、ABS、银行、担保，或者其他非银行性的金融机构等，但是具体的盖子没有出现，所以要不停地盖，甚至砸掉几个壶，然后让它们更加匹配，所以我觉得你的难有点像贾跃亭的难。

唐侠：但是我有一点比他好，就是我们团队现在达成了共识。**因为中国缺的不是资金，而是优良**

的资产，所有的资金追逐，包括银行资金的追逐，迟早有一天都要指向优良资产。而我们所能指向的优良资产的替代性不是那么强，因为目前主体金融机构在这方面的能力确实还没有达到这一步，而且这种目标真的不是一两年，甚至三五年能够完成的。

王利芬：为什么你们在资产端的核心竞争力会这样强？

唐侠：我个人认为其实不在于科技手段，而是在于我们这个团队是金融出身，是对金融的一种深刻的理解，对这种另类客户群体金融画像的钻研。对金融理解之后，我们把这些科技工具、大数据等的计算、模型、智能化组合得最好，而这个组合指向的就是金融的风险控制。在风险控制背后，实际上就是把好的用户筛选出来，把不好的用户暂时屏蔽掉。我不认为这个能力是 BAT 擅长的，这可能是我们唯一的差异化。

王利芬：因为你们的团队来自于众安和建行这两支金融团队？

唐侠：是的。

王利芬：这是这么长时间磨合的一个结果？

唐侠：是的。

王利芬：所以说你们资产端核心竞争力做得好的最重要原因，是这么长时间形成的团队能力，风控的能力、整合各种技术手段指向风控的能力。

唐侠：是的。

在风险控制背后，实际上就是把好的用户筛选出来，把不好的用户暂时屏蔽掉。

王利芬：你在团队这方面的建设上花的心思多吗？

唐侠：原来不懂太多战略上的问题，在创业前三年中，我把绝大部分精力放在了团队建设上面，现在我们尝到甜头了，幸亏那个时候没有太多的其他压力，没有太高的理想，所以我们有空来做团队建设，有空打造我们创业团队的高度共识，但是现在其他的压力太多了，我很难做到心无旁骛地打造团队。

王利芬：你们这个团队挺有意思的，吃在一起、住在一起，春节也在一起过，什么都在一起，基本上就是以公司为家的状态。

唐侠：是的。

王利芬：磨合了六七年，或者不止吧？加上在众安的时间，磨了十年磨成这样。

唐侠：接近十二年了，最早的一批人是 2005 年 10 月我从加拿大回来后加入的，其中有三五个人在那个时候就已经建立了这种友谊。

王利芬：实际上真的是用户增多压力就增大，就像一个人从河边一直往河中心走，现在走到激流的部分，水慢慢淹过脖子了吧？

唐侠：可以这么理解。我们原来一年做 20 亿时，每个阶段都好像要淹到脖子了，现在我一年做几百亿，它的程度也是这样。但是我们现在在这种体量上承受的压力，是很多人很羡慕的。如果现在说飞贷金融科技可能面临灭顶之灾，我相信没有人会这样定义，我们的团队也不会这样定义。

除了乐观这么一个角度，我看到更多的是**在做大做强的路上，会不可避免地遇到这些麻烦事。如果我们不坚持、不用创造可能性的能力支撑自己的话，我相信没有未来，大水真的会淹过我的头顶。**

王利芬：我们不认为飞贷有灭顶之灾，而是在整个资金端，这个链条的推进程度的缓慢，没有办法满足互联网逐渐增加的用户的需求，这个心智模式的建立不如你想象得那么快，而是进入了一个慢牛过程，这个慢牛过程实际上是亏待了互联网这样一个非常高效获取用户的工具。在这个过程里面，你们会失掉一些用户，当你们把闸口弄得特别紧时，就会向优良资产的人群倾斜，这样会丧失大量的用户。

唐侠：是的。

王利芬：这个时候与互联网手段真的是有些背道而驰，所以时间的周期是不好把控的。

唐侠：是的。

王利芬：目前似乎没有看到对于资金端的哪一条路是真正有希望的，这个不确定性真的非常高。你期待着银监会对互联网金融的认知能逐渐到位，但认知是一个缓慢的、难搞的过程；担保、信托、国企银行的大股东，都不是非常稳妥的道路；还有ABS资产证券化的方式，把优良资产打包卖给更多的人去受益，但是这条路没有先例，其实它的风险

在做大做强的路上，会不可避免地遇到麻烦事。

可能现在还没有呈现，所以我感觉资金端的空缺期会耗费你非常大的心力。

唐侠：我认同它已成为我们现阶段的第一压力，如果要把危机感放到我们过去的高度的话，我也认同您刚才的判断。但是如果我们用时间窗口、心智模式去衡量的话，我相信这个压力会倍增，如果我们用一个简单的商业逻辑、一个企业看这个事的话，我反倒没有这么大的压力。

王利芬：但是你启动互联网的时候，是**心智模式推动你启动了互联网**。

唐侠：是的。

王利芬：你不是说要做一个可以活得很好的企业，那个时候你不用出深圳就够了。

唐侠：是的，在深圳的体量还是不够，我们今年如果没有特殊情况的话，会达到一千万级的用户，一年的业务量是三百亿左右。我相信未来我们有解决两三百亿的资金能力，但是未来可不可以做到五百亿、一千亿，坦率地说，这就是真正的挑战。我们在做到两三百亿的过程中能不能去寻求那种可能性，因为所有的东西都是在变化的。

王利芬：对。

唐侠：当然要有危机意识，这个**危机意识能指导我们做出很多的前瞻性动作，去创造可能性**。但是也许这个团队就是这样一路走来，我不敢确定我们是不是一路会有这么好运，但是我们只能在这条

危机意识能指导我们做出很多的前瞻性动作，去创造可能性。

路上走。

王利芬：你觉得会抓住这个变化，然后把资金端用户的需求满足上？

唐侠：是的。

王利芬：这是一个非常大的难度。

唐侠：是的，我们看到了很多希望。目前有一家银行在这个方面可以承包两三百亿，还有另外一家银行跟我说："我们会尽最大的能力，我们认为这个商业模式很好，我们认为你们的客户群体很好，我们认为对我们银行的信贷资产结构有很好的调整。"

王利芬：做啊，为什么不做呢？

唐侠：对，肯定要做，并且要推动总行向银监会报备，此时这个力量是在不断循环的。我们记得十年前最开始尝试时是一千万，到现在为止是百亿级的。一路走来，虽然漫长了一点，但是毕竟还是往前走了，时不我待，目前压力来自机会、时间窗口、客户心智等，我觉得方向一定是对的，这是第一方面的补充。

第二方面的补充，我们启动了一家担保公司，它不是给我做担保，而是在商业模式里面嵌入进来，给银行增加一种商业模式、增加信用的角色。目前他们承诺从八百亿的征信额里面拿出三百亿来支持我们，因为他们也要转型，原来大宗业务、传统业务的担保已经走到尽头了，而且风险不比我们这个低。他们想在未来的个人征信、大数据以及小额分散上跨出一步。

另外一个平台 ABS，如果幸运的话，今年年底我们尝试做十个亿的 ABS，我相信加总的话我们可以达到三五百亿，**希望是有的，但去推进它，需要我们做很多艰苦的努力。**

王利芬：你觉得你的苦头吃够了吗？

唐侠：这个苦头刚刚来。

王利芬：你还有这样的心态？

唐侠：对，刚刚来。去年我还没有这么大的压力，因为去年年底之前，与所有的银行谈合作都是一马平川的。从去年年底开始，信贷资金收紧，国家的宏观调整从货币政策开始，到今年的金融创新审计年，开始有不同的声音出来。其实 P2P 对我们的影响并不是很大，因为我们一下从 P2P 和全国小额贷款模式中脱颖而出，我们不再是他们的竞争对手了，我们所有的 1.0、2.0、3.0 版本都顺利上线。

从今年年初开始，我的压力扑面而来，因为我们没有任何营销动作，但我们的品牌力量出来了，需求激增。周末、节假日，我们的用户不断在增加，而这时候又正好到了一季度，国家银根紧缩、信贷政策收紧。

所有的因素综合起来，确实给了我压力，但是**我们的压力都来自于更长远地看这个问题**，就像您提醒的那个视角一样。**如果用非常长远的危机感、**

如果用非常长远的危机感、用更立体的商业逻辑来看，这个压力和挑战可以大到天边去。

用更立体的商业逻辑来看，这个压力和挑战可以大到天边去。但这仅仅是开始，今年春节之后，我们的压力是三四倍地增长。

王利芬：这是和国家宏观经济整个的步径相关联的。一季度的银根紧缩，二季度、三季度或者今年年底，你觉得这个下探会到底，还是会继续往下滑？

唐侠：我认为不会改善，这肯定是毫无疑问的。不会有变宽松的趋势，至于会下探到什么程度，这要看每个季度的经济指标。

王利芬：这种下探会直接影响到银根紧缩的政策，所以在大环境的监管下会直接影响你们。

唐侠：这个问题我们不怕，因为一定不是冲击我一家，连银行所有的客户都会受影响。阿里巴巴的支付宝、余额宝现在受到的冲击也很大，当监管扑面而来，要50%不能动，对于大家来说一定是非常大的压力。

未来为什么要转向做科技而不做金融，跟资金也是相关的。我不认为陆金所就能一马平川，大的宏观经济环境是共性的环境，银行也会受到冲击，银行的客户首当其冲，我只是银行的一个合作方，当然也会受到影响，我相信其他的竞争对手也不会有宽松的环境。

王利芬：所以*你们其实做好了在这样的大环境下，即便接通了互联网，也还只是保存企业的实力和体力存活下来的一个比较长期的打算，心智模式*

的建立其实没有那么容易，可以这么说吗？

唐侠：您说得非常准确。就这个问题，在今年春节后我就跟君智集团的几位老师进行了深入的探讨，比如在行业和品类里面，我们的心智模式还有多少空间，我们的时间窗口还有多少。

原来我们的打法是视同明年心智窗口关闭，我们快马加鞭，竭尽全力去建立这个心智模式，但是当我推出这么一个问题的时候，实际上从理性来看，竞争对手其实还没有一股独大。因为这么大也就是只有一千多亿，整个市场是十万亿的概念，一千多亿能形成多大的心智壁垒？

第二十章

企业家在竞争战略执行过程中最大的困惑是什么

面对巨大的竞争压力，很多企业家依然把商业的终极一战界定为"价格争夺战"，但是价格战会让企业丧失造血功能。只有当我们转变思路，将终极一战界定为"人心争夺战"的时候，这场战役才会更有力量，更具彻底性。

王利芬：实际上定位里面的心智模式，它的应用前提首先是大环境是过剩时代，然后是小的场景。应该是市场已经出现短兵相接的情况，这个窗口期才显现，实际上这个场景还没有构造出来，这都是你们能够拥有的时间优势。

唐侠：是的。如果用得好，希望建立一个创新品类，我们是创造者、领导者、做到第一的。当然这是最轻松的，而且是产生价值最高的，我们无非是想在心智上建立一个全球原创。

王利芬：实际上这涉及很大的战略选择，**如果现在还没有达到短兵相接的地步，那么这时候建立所谓的心智模式，实际上是企业重大利润的流失。**因为在这个时候，也许做资产更加巩固，然后自有资产永远是你最保险的东西，所以这个时候涉及真正的战略选择。

我觉得在这里已经不是采访了，而是一个提醒。**在心智模式并没有到的时候，你们一定要去做成心智模式，这实际上是在流失竞争优势，你没有给自己一个时间窗口。**

唐侠：这就是我春节后跟几位老师探讨得最多的一个全新视角。从春节到现在，我没有为心智模式做任何传播动作，这也是我们比较坚持的。

当然老师们认为，是否可以把压力淡化，用这种正能量的东西压一下，实际上这也是一种可能。但是我觉得太危险了，因为我的投入会太大，传播的投入往往是高于运营成本的。在这种情况下，我

> 如果现在还没有达到短兵相接的地步，那么这时候建立所谓的心智模式，实际上是企业重大利润的流失。

说服了几位老师。

从春节到现在，甚至 5 月份之前我不会做任何的投放，因为这个时候的投放会给我带来倍增的压力，一旦需求增长，而资金还没有突破，那么非常危险。这个时候要做这样的战略吗？

我也在赌，时间窗口到底怎么界定？在这个行业时间窗口真的会这么快关闭吗？真正的竞争对手会建立那么强大的心智吗？会占到市场多少比重呢？

王利芬：时间窗口不多的时候是同质化竞争的来临，现在其实还没有太多同质化，可能 i 贷是比较可怕的对手，但是由于市场规模很大，所以你们相对接的距离还比较遥远，我觉得这个时候建立所谓的心智模式是不是有些过早。因为其实在企业发展过程中，所有最伟大的企业家就在于火候的把握，火候的把握是一切企业竞争到最后，企业一把手最核心的竞争力。

因为这个时候完全涉及战略资源、人财物的调配，我真的觉得心智模式的占领也许没有那么简单或可以一蹴而就，它是一个曲折、盘旋的过程，它是一个不断摸索、犹抱琵琶半遮面的过程，是不可能一下子让你打开的，尤其是在这样一个十万亿级巨大需求的、庞大的巨量市场里面，可能不会这么容易建立心智模式。

唐侠：是的。

王利芬：它跟简单的快销品和日用品完全不一样。

唐侠： 是的，这也是当初谢老师、徐老师接手咨询项目时的最大挑战。他们认为这个体量太大，这个体量市场上的心智是否跟他们过去的经历类似，他们是有很多犹豫的，也有很多的畏难情绪。但是最终我们团队的诚意打动了他们，这个过程是非常曲折的，因为我确实很有诚意，我希望在战略上有更多的新东西进来。

您说的这个话题是一个非常大的挑战，现在他们也在不断地研究。在这个庞大的新领域里面，如何去重新界定所谓的心智模式和时间窗口，目前他们也在做集中的调研。

王利芬： 当然您在操盘过程中，这个时间窗口最应该做的也许是资产端能力的不断优化巩固，甚至是企业利润的打造，这就是我提到的问题。**一个更加务实的企业家，应该把整个的利润做得更多，因为利润是企业能够看得见、摸得着的，而且也是能够调动的最切实的、最大的资源。**

> 一个更加务实的企业家，应该把整个的利润做得更多，因为利润是企业能够看得见、摸得着的，而且也是能够调动的最切实的、最大的资源。

唐侠： 对，我之所以没有那么大的压力，因为与很多企业相比，我已经很幸福了。我现在的利润状况是自己都不敢想象的，是非常良好的。转型之后的第一年没有亏损，除了中间我们还没有产出的那一年，2015 年我们有七千万元左右的亏损，后来我们把所有的亏损都弥补回来了，还有部分盈利，这是第一点。

第二点，从现在来看，现在的体量已经完全超出了盈亏平衡点，完全是在一个良性的财务状况下运转。所以在这个方面我最怕的是，**除了定位心智模式、时间窗口的压力外，还有很多内部运营财务上的压力、资本金上的压力。**如果我们是一个资本需求的企业，我要考虑如何度过资本的寒冬和内部运营所消耗的运营资金，好在这两者我都没有。一是我不需要资金本，至少我没有强大的资本需求；二是我的财务状况非常良好；三是**我们的团队没有因为这些压力而产生太多的不健康的声音。**

王利芬：这个时候这是战略上的优选。但到现在，最让你头疼的仍然不是用户端。

唐侠：对。

王利芬：**尽管用户端的 bug 不少，在你们上线之后的两三天，甚至一个星期之内，我们的团队成员去申请贷款，没有一个获得的，各种 bug 显现出来了。**但实际上这是一个可以克服、可以优化的问题，它不是真正的问题所在。

唐侠：是的。

王利芬：后来又慢慢能够上去了，所以用户体验不是那么好。我说目前不需要那么好的体验，真正的难点还在于你整个资金端的提供。我现在觉得你起码有 60%~70% 的心力都在解决资金端的矛盾和问题。实际上优化 bug 这个事不是个事，因为这个地方是你能搞定的事。但资金端是你不一定能搞定的事，或者有很大可能是搞不定的事。

唐侠：是的。

用一个形象的比喻来说，战略配称好比是锤子，定位好比是一个钉子，战略就是挥动一把锤子，把一个钉子钉进顾客大脑中。

王利芬：所以这个时候我觉得谈不上什么心智模式的占领，这是一个战略上的选择。**一旦你把企业放到心智模式占领的时候，这是在强攻，强攻的时候所有的利润都要为此让道。**

所有的一边都要满足另一边的需求，整个企业就会绷得非常紧。

所以要不要这样做，就取决于现在时间窗口是不是已经来临。所谓的心智模式是不是需要这么早进行启动？现在企业急需解决的问题，是左边的问题还是右边的问题？这其实是一个大的问号。

唐侠：我在思考这个问题的时候没有那么清晰，现在受到您的启发，我的理解是这样的，其实**在资源的配称、在战略定位配称能力还没有达到平衡的时候，或者是有巨大短板的时候，要强攻定位这一定海神针，可能是不适宜的。**

我会带着这个问题跟我们的咨询合作单位和咨询团队里的几位专家去探讨。这个尖锐的问题我个人是非常认同的，我在这几个月里面暗合了您刚才提出来的这个建议。

王利芬：这是一种自觉的选择？

唐侠：是的，我就要叫停。

王利芬：这是你自觉的选择。

唐侠：是的，中间有争执，我跟两位老师争执得非常厉害，我甚至不愿意再跟他们进行交流了。因为我知道我现在的压力，如果配称的设备还没有

在资源的配称、在战略定位配称能力还没有达到平衡的时候，或者是有巨大短板的时候，要强攻定位这一定海神针，可能是不适宜的。

到位，**硬要强攻，结果就是死伤一大片**，所以在这个时候我们的想法是蛮契合的，只是您刚才帮我梳理得更清晰了。站在战略的角度上来说，**战略可能高于一切，但每一个战略背后的动作都带着巨额的资源，这些资源其实就是成本，所以不要轻易去决定每一个战略。**

在定位上、心智上，我只是担心和焦虑，没有把力量全部顶上去。从春节到现在，我没有投入一分钱，当然，有多少机会，能把这个焦虑降低到什么程度，我们还是要去探讨。

王利芬：**我觉得定位有一个中间的定位，旁边的战略配称有很多，渠道、品牌等，这些东西都非常重要，但是我觉得对于您来说，最重要的是拿到钱，**这是在金融领域完全不可替代型的资源。这件事情没有组合拳里面非常漂亮的强攻，我甚至认为这个组合拳的资源整合的难度，完全要大过所谓的对大数据、风控、核算、互联网，四个科技资源的整合能力，因为你在整合整个中国国有企业为主导的一个金融产品。

唐侠：是的。

王利芬：你整合的不是市场，所以我觉得这个整合的难度要大于科技整合的难度。我看过你写的《未来飞贷面临的五个挑战》的文章，第一个挑战是科技的挑战，第二个挑战是资金链的挑战，我认为一和二应该倒过来，因为这个不是之一之二的问题，是一个短板的问题。

战略可能高于一切，但每一个战略背后的动作都带着巨额的资源，这些资源其实就是成本，所以不要轻易去决定每一个战略。

唐侠：是的。

王利芬：是不可替代型资源。

唐侠：是的。

王利芬：你就是把钱放出去，把中间的利差找到，挣这份钱，**所有的科技因素，只是让这个体验变得更快、更好，效率更高，如此而已。**但是如果没有这个钱，就像长江没有唐古拉山的雪，是一样的道理。

唐侠：我非常赞同王老师刚才不同视野的提醒和一些启发性的问题。好在我们现在意识到这个问题，而且在我们的九个核心团队成员去以色列之前达成一个共识，我们会把原来放在科技、风控等资源配称的力量抽调三分之一出来，去研发、研究、创造可能性，在我们立体的、眼前的问题上，看我们能做到哪一步。

王利芬：**站在接通了用户的互联网这样一个大管道之后，您要推倒的是最难推的一道墙。**

唐侠：是的。

王利芬：在走出深圳、突破网点、飞侠模式、做互联网这些墙中，我觉得这堵墙最难推。

唐侠：我认可。

王利芬：因为中国的国企太难搞了。

唐侠：是的。

王利芬：你要推的每一堵墙，ABS 模式，是国

所有的科技因素，只是让这个体验变得更快、更好，效率更高，如此而已。

企说了算的；担保、信托、银行都是国字当头。我认为你未来与所有的国企打交道的难度都要大于中兴通讯，因为这是一家深圳本地的企业，深圳市政府跟它的沟通还能够起到一定的作用，而且这是一家非常市场化的国企，跟它打交道的难度不那么大。

唐侠：我非常认同中兴集团是一个市场化的国企，他们的说法是国有民营，虽然背后是国有，但是有民营的色彩。从我们打交道的过程中，我也知道未来是真的去选择一个真的大国企，还是在另外一条路上，放弃现在专注的所谓的心智模式，我们去走稳，把资源调配过来补短板，我相信这条路我们一定能找到。

难是难一点，但我们不怕难，因为我们做的是一件正确的事，我们的团队是一个有战斗力的团队。

而且我认为这是一件利国利民的事，我相信会有未来，至于这个未来要克服多少困难、受多少苦难，就要做好充分的思想准备了。

王利芬：你觉得你和你的团队做好这个思想准备了吗？

唐侠：过去我们的挑战认为都是科技、风控、运营方面的，而这是今年一季度新出现的一个问题。坦率地说，我们从几个亿做到了一百亿、两百亿，也就用了短短几年的时间，那个时候虽然有阶段性的障碍，但是我觉得毕竟我们体量增加了几十倍、上百倍。

现在新的、更高的挑战来了，我们只有接受。我觉得团队中人人在这上面出力是不可能的，因为术业有专攻，有科技的、大数据的、清算的，但是我相信我们的核心团队里面总有三分之一是有能力的人。

王利芬：其实人才从外部引进可能会好一些？

唐侠：是的，我们仅走出了第一步，就是进行内部动员，但是真正的外部资源会在资金方面起到完全不一样的作用。

我期待很多的社会资源来关注这个事，我们以一己之力很难做出很大的突破，我们也许可以解决一部分问题，但是外面的资源可能起到的作用是我们的好几倍，甚至十倍，我也很期待这样的资源出现。

王利芬：你最希望谁能够看到我们的谈话内容？

唐侠：除了我们的利益相关方，即金融机构领导、决策者以外，**我认为监管层如果能在这个方面往前迈一步，或者愿意去倾听这里面的声音、市场的需求、参与者的痛就更好了，**我觉得这个能起到一定的催化剂作用。我和监管层打交道比较少，我没有能力做出更多的判断，但我还是很乐观，它一定是正面的。

因为我们今天谈的都是很真实的，它有苦、有痛、有创新，可能跟监管有一些错位，但是毕竟是社会的需求存在、消费者存在。而传统的金融机构暂时没有精力去满足这部分人的需求，只要不是一件违背道德和法律的事，监管层看到以后，如果高度重视、足够理性和开放，我相信会带来不一样的效果。

王利芬：说老实话，我更愿意银监会和央行的人看到这个节目，因为这个才能实质性地帮到您，毕竟您花了这么多的时间和精力。当然观众看到后会说，这是一家关心客户利益，能够重视消费者体验，在需求方如此强势的情况下，还能关心这些弱小群体的企业，当然这也是一个正面的回应。

WIN IN CHINA
赢在中国

第二十一章

如何面对创业的压力

在一个人所有的品质中，坚毅、责任心、认真对待人和事是最能成事的因素，这几点看似简单，但在一百个人中难找一个。

大竞争时代，产品好是参与竞争的基本筹码，但它只是一张入场券，最后还是要让顾客觉得你好，才能真正赢得顾客的选择。

王利芬：你以前做战略选择时有没有睡不着觉的时候？

唐侠：第一次开始接触到所谓的真正战略，特别是选择了"定位"理论来指导战略的时候，我有很长时间是睡不着觉的。**那时我们团队对技术、细节、管理是很专注的，但是对战略没有太多的研究，不清楚这次到底是战略问题、技术问题，还是配称问题。**

在与您对话时我把它界定为战略问题，因为战略配称毕竟是战略的一部分，而在战略配称上已经出现明显需要补足的地方，我认为它就是战略问题。那么在这种情况下，我们的团队已经有这方面的意识了，九个团队成员去以色列进行调研。

王利芬：我看到他们了。

唐侠：实际上这段时间我平均每天只有三个小时的睡眠时间。

王利芬：精神头儿非常好。

唐侠：我是第一次这么轻松地接受一个高级别的采访，一般的采访都会使我全身虚脱，因为我对灯光、对镜头有很不一样的恐惧感。我可能会在演讲前三五天睡不着觉，今天王老师为我营造这种氛围，让我能敞开心扉地谈一些真实的东西。这么多年了，从来没有这么轻松地谈 N 个小时。**这也是一种全新的体验，可能也去掉了我的一些心魔。**

王利芬：你谈得挺好的，而且非常真实。为什么说这件事本身是战略问题，可能不是配称问题，原因是当采取这种打法时，会有重大现金流的损失。战略无非是说我们要做什么，多长时间做，跟谁一起做，做多大规模，投入多少人力，什么时候截止，这个仗怎么打，对吧？

唐侠：是的。

王利芬：它没有那么高大上，像企业决定是不是要大规模地进行广告型攻击，就是战略问题。现金流缺失可不是一个小问题，这有没有导致你睡不着觉的时候？我自己也是一个小的创业者，选择不同的路，结局是完全不一样的，你是如何度过焦虑不安的战略期的？

唐侠：要是没有这么多年打下的身体的底子，我很难抵住后面几次转型所带来的压力。

我看似很坚定，实际上我熬了无数的夜，经常半夜醒来，然后在家里楼上楼下地蹿，半夜里能抽完一包烟。

面临重大转型和战略选择的时候，我会提前把所有东西拟好，随时发到我的管理群里面，这次的焦虑是最大的一次，就是春节后宏观经济形势影响我的需求和供给配称而使关键性资源的配称产生错位，我也有很多的无力感。

即便我跟董事会摔门而出的那次都远远不如这一次的压力大，现在它持续了短短两三个月，如果再持续一年会是什么样，我还没有体验。我会慢慢接受它，再体验它。

传统市场调研中，顾客往往会因为过度思考，而对事实进行演绎。

我相信无论我能
否走出这个困境，
未来在回忆这一
段的时候，一定
会记忆犹新。

战略的选择一定会给企业的一把手、领头羊带来最大的压力。过去前三年我们没有做战略选择，做了内部团队的打造、管理的细化、内部的创新，这是体力上的压力，但是没有精神上的压力。后来"砍掉"几千人，把所有的东西封存，转为做移动互联网，直接与 C 端接触，每一次的压力我都没跟团队说过。**我在团队成员面前是很坚强的，大家称我为"第一号战神"。**

我原来的身体壮得像一头牛，所有的指标都没有任何的问题，但是这五年我的体检结果各项指标的变化趋势很不好。

这个压力长期下去肯定是有问题的，所以我现在在做调整，既要做身体上的调整，也跟我的团队做充分的沟通，让大家共同来解决这些问题，甚至寻求更好的外部资源，一起来打造这个平台，是否选择与国有企业合作会再研究，这只代表了我的心态。国有企业有优势，但是会阶段性地出现很多配称上的短板，它涉及战略的选择，在我这么多年的转型后，现在遇到了一个新的瓶颈。

我相信无论我能否走出这个困境，未来在回忆这一段的时候，一定会记忆犹新，因为它确实从不同的视野，不是从单一定位的角度，也不是从单一企业管理的角度，而是综合起来研究眼下所谓的战略和选择，在理智与情感之间做选择，正好在这个时候您提的每一句话都砸在我的心上，我现在夜不能寐就是因为处在这样一个状态之中。

我没有一天的睡眠能超过四个小时，本来这几天计划好好休息准备采访的，可还是莫名其妙地就熬到了凌晨三点钟，然后早上七点钟我可能就醒了。

王利芬：我自己也有过这种经历，实际上是当外在选择没有办法矫正时，我们的身体在用身体语言矫正它。

唐侠：这一次我把自己真实的东西表达给我的团队，当他们在以色列给我发回很多感悟的时候，我流了两次泪，并且把当时的情感告诉他们，我确实非常想念他们。在压力非常大的情况下，坚决支持他们去以色列寻求创新启发，我一个人带着两三个核心团队守家，我也希望他们能多分担一些压力，这是一种很复杂的心情。

王利芬：他们说了什么？

唐侠：**每个人的角度不一样，但都很感人**。他们说去的时候没抱那么大的希望，但是不虚此行，收获很大，我非常激动，因为我的以色列之旅曾经带给我一些转型的触动，我说："我将接力棒传给你们，希望你们带着收获回来。"

王利芬：过去的飞贷像一条小溪慢慢流到长江三峡，变得非常湍急，然后慢慢流到中游，到武汉、安徽、江苏。**当接通了互联网后，实际上就接通了用户的海洋。**

唐侠：是的。

当接通了互联网后，实际上就接通了用户的海洋。

王利芬：唯一害怕的是唐古拉山的雪没有了，这是最重要的核心战略要地，要保证不让雪化没了。对于与国企和金融机构打交道，以及如何整合他们的资源，目前您这个团队可能还缺乏这样的人才，或者缺乏了解国企思路的人才，因为这里面的可变性太高了，甚至不仅是对中国社会经济的认知，而是一种政治和经济共通的相连接的认知。

唐侠：是的。

王利芬：面对这样的机构和政策监管的不确定性，你们是无力的。

唐侠：我们已经把这个定为今年最高的一个战略级问题，能否度过、用什么方法、能产生多大的成效都不知道。这个团队在这方面太骄傲了，认为只要有好的资产、好的技术，就能有好的市场、好的用户、好的东西，再来跟金融机构分享，没有不可能成功的。

但是**我们过去就像在各种小溪里面挤，不会有太大的冲突，当进入大河、大江的时候，就不是这么简单的事了。需求这么大，供给一旦跟不上，可能出现的落差不是阶段性的，而是长期的。**

所以在 2017 年我们面临的是战略级的问题，我们要把过去的那种骄傲放下，在资金战略上我们出现过差错和失误，那是因为我们过去投入得太少。

现在我们愿意投入了，但靠我们自身的力量是否能解决，其实我们也没有十足的把握。**我们这个团队只有一个优点，就是任何可能性我们都愿意去**

> 我们过去就像在各种小溪里面挤，不会有太大的冲突，当进入大河、大江的时候，就不是这么简单的事了。

尝试，这是这么多年打造出来的空杯心态，我们有骄傲的时候，但是我们没有自满的时候。

王利芬：我觉得这个采访加大了您的压力，其实应该是带给您一些宽慰的，但我越采访感觉给的压力越重，真的非常抱歉。

唐侠：我觉得它是实实在在存在的，这个阶段正好落脚在我们现在面临着什么，我们应该如何往前走，其实这个主题我天天都在考虑。这次采访会给我带来一种深思，为什么从财经媒体专家的角度上也能看到这一点？前段时间我所看到的问题和我们准备选择的方向是不是正确的？

目前我们团队是有高度共识的，只是仍在寻求解决的方法。后面，商业评论杂志和大学的教授、院长要对我进行一天的采访。提纲看上去全是正面的，实际上我也不会很兴奋，因为我的苦恼、压力、挑战都没有消失。

今天与您坦诚相见，把我们的想法和我们的痛、苦、乐、甜，以及曾经的成功都来与您分享，这个才是最真实的。对于我这个很害怕采访和演讲的人，今天能持续谈几个小时，我自己都不敢相信。

王利芬：如果最终没有像你所期待的，真正在信贷领域做到成功，你会后悔吗？

唐侠：我到现在还不下这样的结论。

王利芬：我是说如果。

我们现在面临着什么，我们应该如何往前走，其实这个主题我天天都在考虑。

唐侠：我还真没考虑这个事。

王利芬：所以一定要有必胜的心态？

唐侠：是的。**我真没考虑过我失败的那一天，我也没考虑过遇到瓶颈过不去的那一天。我现在把所有的精力都用在如何去解决问题。我们的团队也是这样，悲观的心理是偶尔一瞬间出现的，没有占据我们全部的精力。**

王利芬：您在创业之前可能想到了创业会有压力，但是想不到有这么大的压力吧？

唐侠：**创业给了我很深的教训，我想我不会再一次选择创业的。但是这一次既然已经选择了，我就要把它走到底。**

王利芬：这里面也是有一些乐趣的。

唐侠：当然了。**乐趣不仅是来自于甜，也不仅是来自于顺境，而是我们在过程中的一种体验。酸甜苦辣都是一种体验，也是很好的经验和财富。**

酸甜苦辣都是一种体验，也是很好的经验和财富。

王利芬：这样一个逐渐升级的压力，实际上是常人不能承受的，**所有的创业者都在承受着常人不能承受的压力**，而移动互联网金融领域中的创业压力尤其大。

唐侠：是的。

王利芬：**这样的压力会把人压垮吗？**

唐侠：至少我现在没垮，我也不认为我将来会垮，我只是要注意身体了。身体是一个硬性指标，但是心理上的压力我还能承受，可能这句话说得早了一点，可能这个压力还没有真正大到承受不了。**我有一个优点，拿得起放得下，所谓"放下"不等于"放弃"，是指接受。再多的喜悦我也不会那么张扬，再多的苦和坎坷我都接受。**

王利芬：你的创业到底想要什么？

唐侠：第一，我背后有创业团队互相支撑，不能放弃。第二，我们现在做的这件事，我觉得真的开始高大上了。原来是小打小闹，是小众人群，现在我们真的能用新的、最前沿的科技手段去服务、普惠人群。

我觉得即使再重新创业，能找到这么好的市场和契合点是很难的。如果我们是做别的消费品，可能真的放弃了，但是做这个行业，我有专业、有能力、有兴趣。

我们觉得在这个领域里面，如果方向找对了，而且做成功了，它不是简简单单一个商业上的成功，而是有社会价值的。我们的团队刚开始没有那么高的理想和那么大的愿景，后来我们慢慢觉得这个东西有价值了。

我们原来看尤纳斯，从来不去看他有多高的理想，但是后来我们开始做互联网的时候，感觉我们的团队在接他的棒。在传统的行业、传统的模式里面，他做到了不一样，起到了一定的示范效应，引起了社会公众的认同，在孟加拉这个国家，他能影响到其他西方国家。

实施竞争战略首先需要企业人员转换视角，从由内而外的视角，到由外而内的视角，把顾客认知当作事实接受，并以竞争为导向，这与企业以往的产品导向、需求导向等思维有所不同。

在 2005 年我就知道会有这样的过程，当时没有感觉，但是自从我们做了正式转型之后，我发现原来我们可以影响到这么多人，满足这么多的需求者。尤纳斯说"融资权是人权"，我们团队认为"随借随还的便利融资权是人权"。**我们把所有的方向指向了便利，便利就是随时随地、随借随还。**

王利芬：**"**唯一一家入选沃顿商学院的案例**"**，建议加上"创新"这两个字，因为"案例"是中性词，没有褒或贬的含义，起不到背书的作用。

唐侠：是的。

王利芬：你们的企业有创新的基因，像你这样一个金融出身的人，居然有如此之多创新的行为，我觉得非常难得，因为金融行业的人都是风控型的，风控型的人很难走到创新的境地。

唐侠：是的。

王利芬：我觉得有非常多的理由让我们保持乐观的态度。您用这么长时间打造的一支高度默契、不离不弃的团队，是形成你们资产端优势很重要的因素，再加上你技术的整合能力，因为这个路径别人是没办法在短时间内进行复制的，这是我看到的一个非常大的优势。

像平安普惠、微粒贷等这样有着非常强大的国企资源的资金链的团队，可能会对资金链形成反作用力。由于他们对市场的漠视和对资源的依赖，往后的发展可能会越来越显得没有优势。而你们团队的优势会逐渐在市场的搏杀中愈发彰显出来，这是我持乐观态度非常重要的原因。我觉得你们在资产端的核心竞争能力实际上是搏击市场中最重要的能力，那么这个资金应该是安全的。

如果越来越多的金融机构能够发现你的资产端有这么强势的能力，未来的曙光也许会出现得非常突然，那个时候将喜从天降，我们特别期待那一天能够到来。

案例点评

在产品爆炸、竞争爆炸和信息爆炸的大竞争时代，顾客选择的力量空前强大，而且顾客对品牌也变得愈发挑剔，仅有知名度的品牌已经无法打动他们。

谢伟山点评飞贷

◉ 行业背景不容乐观

中国会出现小额贷款行业与中国金融的非市场经济性质有关，目前在我国金融领域是牌照制，只有拿到国家发放的牌照才能去做金融，这使得金融机构，尤其是银行，主要的服务对象是国有企业和大型企业，小微企业很难得到银行的服务。

中国的小微企业占工商登记总数的 95% 以上，而且这些小微企业对我国的 GDP、税收、就业的贡献均超过 50%。但 97.15% 的小微企业得不到有效的金融服务，因为他们的贷款没抵押，账目不是很规范，平均的存活率也不长，所以银行不太愿意去服务这些企业。这些企业是中国商业生态的一个非常重要的群落，所以国家很着急，要求银行去服务小微企业。银行迫于银监会对他们各项指标的要求，比如换算率、盈利、利率等，都有严格的限制，所以在这种情况下没有很高的积极性去服务小微企业，他们的效率一直没有提升上去。

◉ 飞贷的难题是什么？

在过去出现了非法集资泛滥成灾、地下钱庄到处都是的现象，小微企业被迫和高利贷、典当行、民间借贷打交道。基于这种情况，在 2010 年前后开放了小额贷款公司这种半金融机构，飞贷就是其中的一员，到 2014 年飞贷的净利润有 7000 万元，算是相当不错了。但是后来很多人都涉足小额贷款领域。我国的小额贷款公司在 2005 年多达 8000 家，后来又催生了 3000 多家互联网信贷企业，像 P2P 就是此类，几乎是一夜之间出来了一万多家小额贷款企业，进而出现了很多不良的现象，比方说争夺客户。

本来只需要 5 万元贷款的企业，结果能够很容易地贷到 25 万，但是偿还能力只有 5 万，因为小额贷款的利率是很高的，年化利率可达 30%~40%，最后会出现贷款人跑掉的现象。因此，这个行业迅速恶化，所有的企业都是只收不贷，这就是 2014 年年底的情况。

◉ 善用破局利器——先胜而后求战

2014 年年底飞贷公司决定重新研究企业战略，我有机会成为了他们的顾问。当时正面临这个情况，整个行业火海一片，无利可图。互联网企业的加入更是雪上加霜，因为互联网企业有资本，效率更高，成本更低。在这种时候，我们的任务是协助飞贷做战略转型。

（1）找准方向

为了解这个局，我们做了一个千人调查，发现年收入在十万元以上的人，有贷款需求的话，他们会通过银行贷款，小贷公司只能面向年收入十万元以下的人。当时我们给飞贷提出了一个调研课题，分析出陷入困境的几个原因：第一，经济下行，2008 年金融危机的影响持续到了 2014 年，小贷公司的客户属于弱势群体，他们抗风险能力比较低，导致偿付能力恶化，而且一万多家企业同时竞争，导致这个领域变为火海，企业已经很难赚到钱了。

为什么要从军事中学习经营的智慧？战争是你死我活的斗争，比商业竞争更为残酷，在生死存亡面前，人类的智慧展现无遗。

案例点评

第二，银行迫于政策的压力也会争夺这些客户，经济下行、银行争夺客户、行业供应过度，使得飞贷原有的一年七千万元的利润就灰飞烟灭了。

鉴于此，**我们给飞贷提出的建议是"枪口往上抬"，向收入相对高的人群去要生产力。**

如何吸引这群人，就要讲到"定位"，《孙子兵法》讲要"先胜而后求战"。在咨询中，定位咨询是最安全的，因为我们先在逻辑上解释清楚如何胜，然后企业再去行动，这样的风险度是非常低的。

（2）寻找差异

确定了"枪口往上抬"的定位方向后，小贷企业在与正规的传统大型金融机构竞争时，**通过扫描客户心智，发现整个行业存在着顾客信任度低且负面的劣势。**所以我们面临的挑战是，一方面要通过策略来消除负面认知；另一方面面对正规的大型金融机构时要赢得顾客的选择。

接下来是寻找差异，可以通过三个途径来找出差异化的东西：第一，从已有认知中去寻找，像飞鹤说"我是更适合中国宝宝体质的奶粉"，这就是已有认知，因为一个中国的奶粉企业说自己更懂中国宝宝，顾客是倾向于相信的。第二，借力对手已建立的认知找到自己的差异化，可以说是"借力打力"了。

（3）构建优势

对于飞贷，这两种力量它都没借到，它借助的是移动互联的力量，借助高科技去建立自己的差异化。我们建议企业去设计一种完全基于移动互联网

如果大家都参照同样的调研方式而调研出来同样的需求，势必就会造成同质化竞争。它不仅不能给企业带来丰厚的利润，还会把企业带入到价格战的旋涡之中。

运营的借款工具，因为飞贷是助贷模式的开创者，这是它的核心优势。

助贷模式是指，钱还是银行的钱，但是银行不愿意干那些"又脏又累"的活，飞贷借助自身对金融知识的理解来协助银行放款，干了银行不愿意干的活，而且他们还做了很多的创新。

飞贷的"信贷工厂"，通过流水线作业，大幅提升了小额贷款公司的工作效率，降低了工作成本；然后利用移动互联网开展 O2O 模式，发展了十万飞侠。

那么这一次我们决定利用移动互联网技术，把飞贷彻底整改为一家纯粹通过 APP 实现放贷业务的企业，线下门店全部关闭，也不需要地面作业人员，但是又和那些通过互联网放款的不一样，很多放款的 P2P 企业非常不规范，国家进行了严厉的整改，砍掉了那些披着互联网外衣的非法集资。但飞贷利用它的风控技术，高效、安全地把银行的钱放给老百姓和小微企业，它的风控能力非常强，飞贷的坏账率能够控制到 0.1%，而行业的平均水平是 10%，它是小贷领域唯一一家国家级高新技术企业。所以飞贷准备借助移动互联网来建立它和传统金融机构之间的差异化。

（4）建立信任状

接下来要寻找信任状。通过移动互联网所建立的差异化，首先与传统的贷款方式形成鲜明的区隔，它具有互联网基因。当它以这个身份通过 APP 来跟客户沟通的时候，客户对它的负面认知会降到最低，所以差异化是具备竞争优势的。

然后我们再进一步对这个产品进行描述，我们发现在传统金融领域，贷款人有五大难点：申请难、获批难、用款难、还款难、再贷难。针对这五大难点，我们提出来一个差异化口号——随时随地，随借随还，这种借钱的方式与互联网上其他的那种 P2P、传统的金融机构是完全不同的产品，这个 APP 中包含了很多细分的技术领域，必须要找顶尖的专家才能解决，他们专门组织了一个战略资源委员会，与顶尖的技术高手沟通之后发现，他们在这个领域已经处于世界的前沿，是一个很了不起的创新，所以开发的方向是非常定向的。

当我们有了定位以后，我们就瞄准了客户的痛点，真正值钱的研发也是围绕着客户的痛点、差异化的需求而展开的。我们进一步把它清晰地界定为"手机 APP 助贷"品类。这个品类给客户的感觉就不是一个小贷企业了，如果客户贷款想节省时间的话，可以选择我们，这样就建立了可信度。由于飞贷开创了助贷模式，因此引起了一位美国经济学家对他们的关注。

这位经济学家是美国沃顿商学院的教授，美国沃顿商学院在美国商学院的地位比哈佛商学院还要高，这位教授会在课堂上跟学生讲飞贷的案例，飞贷成为唯一入选美国沃顿商学院的中国金融案例，这就是飞贷建立起来的信任状。

（5）用活信任状

有了这个信任状，对它的负面认知就完全没有

我们现在已经处在一个信息粉尘化的时代，这些信息就像雾霾一样，使顾客去理解所有的信息变得不可能。而作为企业，要将自己的企业特点、品牌特性、产品卖点传递给顾客，势必要穿透厚厚的信息迷雾，其难度可想而知。

了。飞贷的广告效果之所以好，是因为我们提前了解了客户痛点，同时对症下药。通过产品的形态和信任状，消除客户的负面认知，并让客户了解到飞贷可以几分钟解决贷款问题。根据客户的需要，把信息有序地排列起来，然后再通过大量的投放，让尽可能多的客户收到这些信息，由此产生一个巨大的商业反差。

我们给飞贷写了一个最新版的广告——三分钟最高借贷三十万，飞贷开创助贷模式，连续七年协助金融机构放款，成为唯一入选美国沃顿商学院的中国金融案例。

在中国的小微企业和国有银行之间确实有一道厚厚的墙，为了让这群人避免非法集资和地下钱庄的侵扰，让真正用心经营企业的人和为中国未来带来生态活力的企业能够获得贷款，飞贷成为小微企业和国有银行之间的桥梁，通过移动互联网技术，利用大数据来管理风控，实现"24小时可以随取随用，一次授信终身使用"。飞贷成为使中国经济、中国金融行业"脱虚向实"的一个急先锋。

一个真正有价值的企业，是要为解决社会问题贡献自身力量的。当消费者对企业的价值不太认同、对所属行业充满负面认知的时候，企业应该利用一些新的信息来改变消费者的想法。

案例点评

谢伟山、王利芬谈飞贷

王利芬：现在是过剩时代，到底**工业时代和过剩时代或者信息时代，企业的竞争战略本质上的区别是什么？**

谢伟山：人类的历史大而化之，分为两个部分。

第一个部分就是在 20 世纪中叶以前，饥饿一直伴随着人类，因为生产力不够，因此人类的主要矛盾是温饱问题。这是 20 世纪上半叶有两次世界大战的主要原因。20 世纪下半叶一直到现在，人类社会开始走向了温饱社会，这时候生产力是大幅提升的。生产力大幅提升以后，在各行各业，某个行业有利润，瞬间就会充满竞争。这时候一个组织、一个企业的关键矛盾，就从内部的运营和生产效率的提升，转向了如何在竞争中获得顾客。即企业的成果就从企业的内部转向了企业的外部，所以这时候**企业能不能赢得顾客的选择成为一切。**

在今天这个时代，**顾客是真正的上帝，顾客的选择汇聚成一股力量，决定一个企业有没有未来，能不能生存下去。**

而对于这个问题，主流的理论家、学术机构还没有做好准备。因为现在我们学的管理学是德鲁克先生所创立的管理学科，他的第一问依然还是我的业务是什么。但是现在作为一个企业家，我们的第

顾客是真正的上帝，顾客的选择汇聚成一股力量，决定一个企业有没有未来，能不能生存下去。

一问要变成"我的竞争对手是谁"，这是一个非常核心的不同。

王利芬：这个不同能不能用一句话概括一下？

谢伟山：在生产力不足的社会，生产力就是一切，生产效率就是一切。在今天，得到民心才能得天下。

王利芬：得到民心和战胜竞争对手有什么区别呢？

谢伟山：打败对手的最好方式就是不战而屈人之兵，只要赢得了消费者，竞争对手再大、再有规模，都会被摧枯拉朽般地抹去。

王利芬：在工业革命时代和信息革命时代，企业竞争的思维方式有什么本质性的区别？比如说内部的、外部的、生产效率提升的、顾客心智模式的。

谢伟山：在工业革命时代，人类所围绕的核心生产力是有形的物质，是一个有形的世界。在信息时代，人类主要的生产物质变成了信息，是一个无形的世界。

在有形的世界中，生产效率、运营效率是一切。在今天这个信息时代，信息本身的效率是一切，而信息是在人的大脑中发挥作用的。所以品牌资产这个无形资产会比整个企业的有形资产还贵，在国外的企业财务报表上，可以看到无形资产是贵过有形资产的。

在这种时候，作为一个企业家，核心的竞争力

打败对手的最好方式就是不战而屈人之兵，只要赢得了消费者，竞争对手再大、再有规模，都会被摧枯拉朽般地抹去。

案例点评

是给品牌加分，品牌是企业赢得消费者认知的一个关键。

王利芬：你说的国外那些企业是哪些企业？

谢伟山：比如说可口可乐，可口可乐的账面资产大概是 200 多亿美元，但是整个可口可乐的估值会达到 700 多亿美元，其中品牌的资产占了相当大的股份。

王利芬：您刚才说的所有竞争策略的基点，一个是内部，一个是外部，能不能把这个再补充一下？

谢伟山：**在工业时代，企业的竞争关键是运营效率怎么样。所以管理学科的假设，迄今为止都是围绕着在内部的运营效率提升上去做的一些努力。**第一个亿万富豪是福特，他首先在企业内部推广生产线，当时福特公司工人的生产效率比全世界的汽车产业的生产效率高出 4 ~ 5 倍。

人类社会一直是寻着这个逻辑在不断地完善管理，像日本这样一个岛国，之所以能够在第二次世界大战之后迅速地成为 GDP 全球第二大的国家，其核心原因就是把企业内部的精细化管理做到了一种最高效的程度。所以，当时的日本货在全球是横扫一切的。

今天的社会不是这样的，随着管理学的发展，各行各业充斥着竞争，这种竞争是伴随着信息产业一起到来的。**在今天这个信息时代，一个企业赢得竞争成为了关键，而管理本身不是关键，但是管理是一个必要条件，任何企业必须有管理才有竞**

在今天这个信息时代，一个企业如何赢得竞争成为了关键，而管理本身不是关键，但是管理是一个必要条件，任何企业必须有管理才有竞争的能力。

争的能力。

今天一个企业要发展，最关键的是企业的竞争力。而竞争的基本单位就是品牌，所以中国提出要建立品牌强国，我认为是恰逢其时的，因为中国制造已经让中国的管理能力、中国的物美价廉走遍全球，但是中国品牌如何走遍全球面临着严峻的挑战。

现在各行各业充斥着价格战，而且是价格血战，血战到底，造成了企业的盈利能力大面积衰退。如何在竞争中建立品牌、摆脱价格战，是今天中国企业要解决的主要矛盾。

王利芬：品牌和用户心智模式的关联度是什么？

谢伟山：消费者无法把一个产品、一个企业的信息装到他脑袋里去，能装到脑袋里去的唯一的符号就是品牌。比如说我们要买空调，自然会想到格力，要买微波炉，会想到格兰仕。实际上人们是通过品牌来决定购买行为的，所以品牌是整个心智模式中形成决策环境的一个最核心环节。可以说企业真正最值钱的资产就是品牌。

可口可乐公司的总裁曾经说过，假如一场大火把全球的可口可乐工厂付之一炬的话，只要一样东西就可以让可口可乐在第二天重生，这就是"可口可乐"这四个字。品牌已经成为企业竞争越来越重要的一个关键因素。

王利芬：竞争的重心就是获取心智模式构建品牌，这个获取心智模式的难度到底是怎样的呢？

案例点评

谢伟山：难度非常高。对于如何打造品牌，如何在过去的心智中让品牌占有一席之地，各大商学院，包括哈佛商学院、沃顿商学院和中国长江商学院都还没有解决好。现在很多企业家对于品牌打造，也缺乏相应的理论指导。竞争越来越激烈，使得品牌的位置在松动、崩塌，企业的盈利能力在下降，这是一个全球的实景图。

这种压力从 2008 年华尔街金融危机已经蔓延到实体业，蔓延到了中国。企业如何把竞争力提升上去，如何让品牌在心智中的位置越来越牢固，成了当今社会最需要的知识。

王利芬：过去我们也打造品牌，其实自工业革命时代起没有人否认品牌的重要性，也觉得品牌非常重要。我一直认为产品是第一位，管理是第二位，品牌是第三位。今天您把这个顺序整个倒过来了，把品牌变成第一重要的事情，为什么？

谢伟山：在工业时代，产品比品牌重要，因为工业时代的供求矛盾是供小于求。由于生产力低下，这个需求很难得到满足，所以人类一直为解决温饱问题而奋斗。这个时候产品大于一切，产品是比品牌更重要的。但是到了今天的信息时代，主要的供求矛盾反过来了，变为供大于求。任何一个行业只要有利润，就会出现很多竞争对手。像共享单车，一下子出来了这么多家，而且有几十家都融到资了。社会本身是不需要这么多品牌的，消费者对于任何一个行业的选择，有两个品牌就够了。所以，我们可以看到品牌行业的二元现象。

> 企业如何把竞争力提升上去，如何让品牌在心智中的位置越来越牢固，成了当今社会最需要的知识。

以可乐为例，从全球来看，只有可口可乐、百事可乐两个品牌，第三品牌的量很少。目前手机行业已经竞争到只有五六个品牌了，但是这五六个品牌最后只会剩下两个品牌。苹果手机已经占了一席之地，那么其余的品牌华为、OPPO、小米，谁会出局，谁能够存活下来，还是未知数。

王利芬：会不会在中国就有两个，而跟苹果没关系？

谢伟山：现在全球经济已经一体化，品牌已经没有国界了，任何行业只会存在两大品牌，当然还会有一堆小品牌。**现在的情况就是"一将功成万骨枯"，一个行业只允许存在两座大山，剩下的都是非常小的企业。**

王利芬：我觉得还要把这一点说清楚，我们今天说品牌重要，并不是说产品和管理不重要，只是品牌已经上升到决定性的战略要塞的位置，然后后面配称的是产品和管理。原来说产品是核心条件，配称品牌和市场销售，但都认为品牌重要。

谢伟山：好。**产品和品牌到底谁重要，一直都众说纷纭，有很多不同的观点。**在我看来，在工业时代，在一个供小于求的时代，产品比品牌更重要。因为企业有了产品、有了生产线才有一切。

为什么广东的商人在 20 世纪 80 年代率先富起来？因为他们率先拥有了生产线，那个时候品牌是不重要的。但是到了今天这个时代，供已经远远大于求，品牌比产品更重要。在这种时候，如果企业

我们必须调动顾客的力量，这股力量是浩浩荡荡的，会让你的企业无往而不胜。

没有品牌，只有产品是没有用的，比方说世界上的很多知名品牌，像苹果、耐克、阿迪达斯，还有一些奢侈品，都是在中国生产的。但是我们不拥有这些品牌，是无法拿到市场上销售的。同样的产品，换上其他牌子，消费者就是不认。所以在今天这个时代，我们必须有一个清晰的判断，就是品牌比产品更重要。

在产品时代，在工业时代，企业所有的运营配称、资源调动、决策标准，一定是以产品为核心展开的。在今天这个时代，由于品牌更重要，所以企业的资源调动、考核标准、关键运营动作，应该以品牌为核心展开。

但是如何以品牌来展开运营，今天的企业界还没有这方面的知识，商学院也教不了这个知识。所以说现在中国很多行业、很多企业家对于如何打造品牌，还是没有找到感觉。

王利芬：当品牌成为战略核心的时候，产品管理和其他相关因素如何围绕品牌来衔接、组织、调动资源，这些内容是商学院还没有系统解决的，我觉得要把这些内容说出来。

谢伟山：在工业时代，由于人类社会的主要矛盾是供小于求，生产率低下，所以当时的一些学者，像管理学之父德鲁克先生，主要的研究课题是如何提升生产力，如何把产品多快好省地生产出来。所以在那个年代，在那样一个漫长的人类历史长河中，产品一直是非常重要的，可以说比品牌更重

每个人的心智都有自己的模式，心智模式是深植于我们心灵之中，关于我们对世界每个层面的认知集合。就好像一块玻璃微妙地扭曲了我们的视野一样，心智模式决定了我们对世界的看法。

要。**那时候有句话叫"酒香不怕巷子深"，**品牌不重要，产品才重要。

那个时候的学者们都是沿着这样的逻辑去进行管理学学科的架设，如何让产品低成本、高质量地生产出来，成了研究学者和企业家的工作核心。

但是这样的一个工业时代毕竟过去了，现在人类迎来了信息时代，信息时代的特点是各行各业都有相当多的企业，能够生产出同样的产品。比如我国的汽车业尽管落后世界水平那么多年，但是在我国的生产线上可以生产出宝马、奔驰、雷克萨斯、大众、奥迪等品牌的汽车。

管理学的发展使得生产一个高质量的产品已经不是行业的关键问题了，关键问题是消费者可以选择的产品和品牌太多了。

比如购买汽车，现在中国有几百个汽车品牌，消费者应该怎么选择？美国在二战以后也出现过这种情况，汽车行业有三百多家企业，但是现在美国仅剩下三四家汽车企业。

中国现在几百家汽车企业经过市场洗礼之后，还能剩下多少家呢？我相信不会超过五家。在这种情况下谁能活下来？不是靠产品，因为大家都能够把产品做得很好，中国制造都走向了全球，产品不再是关键问题，关键问题是谁能够拥有一个品牌。

为了打造品牌，企业如何配置资源，如何建构运营动作和运营标准，资源调动的依据是什么，在这方面还缺乏有效的理论指导，我们在北大的课堂

顾客与品牌接触的每一个点上，企业都能在消费者心智中强化品牌差异化认知。凭借良好的顾客体验，最终品牌收获一个与定位正相关的口碑，从而在顾客心智中夯实了品牌的差异化价值。

上讲到的定位理论是商学院里学不到的知识。这个源于美国的理论，由于没被主流学界重视和采用，只是停留在社会的边缘状态，但是它是一个能协助企业家建构品牌的有效理论。

品牌最不同的是什么呢？ 尽管企业拥有这个品牌，但是品牌的威力不受企业的控制，完全取决于有多少消费者喜欢它、认可它。现在流传着一句很重要的话：**企业的成果不在企业内部，而在企业外部。** 原因就是**企业真正的成果是品牌，而品牌存在于企业的外部，存在于消费者的心中。**

王利芬：您刚才讲的竞争战略，其实是从用户心智模式出发的竞争战略，基本上没有进入商学院的视野，也没有被大家广泛地接受，这里面有几个很大的难点。第一个，工业革命的历史毕竟有一个多世纪，而信息革命时代实际上从 21 世纪初才开始，只有十几年，这是时间的对比。第二个，从 20 世纪末开始，竞争的惯性形成了供大于求，很多人没有意识到这种分水岭。只有分水岭来了，思维模式才会变。信息革命时代再讲德鲁克就是过时。

因为传播一定要讲重点。**竞争战略是适合过剩时代企业竞争主体选择心智模式时最有效的一种方式，** 它不被接受是因为从 1908 年哈佛商学院开始，一直到 20 世纪 40 年代，才慢慢地寻求变化，福特汽车也没有把管理弄好。

所以我们第一要意识到时代的不同，时代就是分水岭，**分水岭就意味着一个企业今天这么想，明**

> 企业真正的成果是品牌，而品牌存在于企业的外部，存在于消费者的心中。

天就不能这么想，如果再这么想就得死。

谢伟山：我认为工业时代和信息时代真正的分水岭是 2008 年。2008 年的金融危机，表面上好像是因为美国的两个房地产公司破产了，引发了金融界的多米诺效应，一个一个骨牌倒下。金融衍生品像击鼓传花一样蔓延开来，很多银行破产。这里面的核心原因是人类社会从工业文明走向信息文明的不适应带来的。

在工业文明时代竞争没有那么激烈，一个企业只要有好的产品，再把内部管理好就会有强大的竞争力。但是在信息时代不一样，能够同时做好产品和管理的企业越来越多。而人类的核心矛盾是要从管理走向竞争，以前管理是核心矛盾，现在竞争才是核心矛盾。但是由于竞争太激烈，导致企业只能去打价格战。2008 年以后实体经济首先不堪重负，率先在金融行业爆发出来，漫长的经济萧条的局面一直蔓延到现在。

朱锡庆教授是我国的经济学家，他说**当人类社会出现这种经济萧条时，往往意味着人类的知识出现了断层。**

作为一个专业工作者，我认为人类在管理学上已经登峰造极，取得了很好的成就。但是人类在竞争学上的成就还远远不够，原因就是公认的竞争之父迈克尔·波特先生，他的公司在几年以前都被收购了。作为竞争学的顶级专家，他都无法驾驭自己的公司，在竞争中败给了别的咨询公司，这就意味

> 运营效益是把同样的事情做得更好，而战略是要做到与众不同。

237
案例点评

着人类如何去架构竞争理论，其实是失败的。

这种失败导致人类社会在信息时代的竞争空前加剧时，没有做好准备，出现了大量企业倒闭和沉重的金融危机现象。所以如何重视竞争学，如何理解这门学科成了核心的关键。

我们在飞贷案例中做了一些有益的实践，通过定位理论，以定位理论为核心，把定位理论引入到竞争战略范畴。当我们抛开以产品为中心的这样一套企业思维，转向以品牌为核心的企业思维之后，企业的竞争力会迅速迸发出来。因为品牌是让顾客选择购买的一个关键因素，可以说比产品更重要。当然产品和品牌都是企业的必要条件，但是**在信息时代，谁拥有品牌谁就拥有一切**。

我们看到乔布斯可以不要工厂，但是他能够做一家全球最大的手机企业。我们也可以看到耐克和阿迪达斯，他们也不要工厂，都交给一些东南亚国家和中国来代工，但是他们能够拥有全球最大的体育用品公司。

所以说谁拥有了品牌，谁就掌握了竞争力，而品牌只存在于消费者的心智中。

真正高效的战略又回到了《孙子兵法》中，"不战而屈人之兵"才是竞争的最高境界。

在今天的信息时代，重要的是如何获得品牌，如何发现、建构一个品牌，如何把一个品牌做强，应该做什么样的产品，应该定什么价，应该走什么渠道，应该引进哪些生产线，研发费用应该往哪里

> 在信息时代，谁拥有品牌谁就拥有一切。

投，对员工考核的 KPI 是什么。

我们会发现核心标准发生了深刻的变化，但是几乎所有的企业家和理论界、学术机构都没有注意到这一切。今天是呼唤一个新一代的，高于迈克尔·波特的竞争理论出台的时候了。

王利芬：我们现在回到当时飞贷的整个竞争环境，因为唐侠非常焦虑，他去找您的时候，已经到了山穷水尽的地步。当时您看到他的公司不得要领，找不到方向，团队也不认同，整个公司是一片什么样的惨状？

谢伟山：我们进入企业的时候没有感受到他们的惨状，在研究这个项目的时候，再回想到他当时的处境，应该是非常有危机的。首先是中国经济下行，因为小贷人群是抗风险能力很差的人群，整个经济下行之后，这群人的偿付能力是大幅下降的，他们的客户恶化之后，导致放贷风险显著提升。

第二就是银行也在进行小贷改革，国家对于银行小贷的占比有硬性的规定，银行也会推出相应的产品，使得对小贷有需求的一些优质客户，又被银行吸引走了。因为对于这些用户来说，能够从银行贷到钱的话，不会去找小贷企业。

第三就是小贷行业的竞争空前加剧，已经到传统产业有七千多家，互联网产业有三千多家的程度，整个行业有一万多家小贷公司都在争着给企业放钱，所以盈利变得非常艰难。

当时令我很震惊的是，他说整个行业像粪坑一

在传统管理学中，企业经营的第一问是"我是谁？"即我的业务是什么？而在竞争战略中，企业的第一问则变成了"我的顾客从哪里来？"，即竞争对手是谁。

案例点评

样，没有人敢往里面去放钱，大家都只收不贷，全行业陷入亏损，没有人能幸免，变成了火海。

王利芬：唐侠的情况是什么样呢？

谢伟山：我觉得他会比其他同行更难受。因为他们的企业是一个执行力特别强的企业，**他们整个组织像部队一样，**整个组织为了去实现一个创新，为了去推动一个新的业务，或者为了推动一个新的想法，**他们可以加班加点连续作战。**到了2014年之后，他们整个组织付出的代价远远高于其他同行，但也不得不面临不赚钱的困境。他们是行业里唯一的高新科技企业，他们的落差要比其他同行大很多。

王利芬：所以他找这个方向，找新的战略定位的心理比别人更急切，他当时是怎么跟您说的？

谢伟山：他经过这么长时间的努力，对管理的追求、学习、研究、实践，包括他付出这么大的心力去打造这么一支强大的团队，然后带着整个团队这么努力地工作，他说当他听到定位派的竞争理论之后，浑身出冷汗，因为他无法用一句话来回答飞贷到底是什么。他觉得如果这件事情没有解决，会导致他整个组织这么长时间、这么多的心血，有相当大的一部分都付之东流，所以他的内心是非常难受的。

王利芬：他当时就找您做咨询了吗？

谢伟山：对，他们当时就想请我们做咨询，因为他们在北大听完定位课程后，**自己实践了两年，但是一直没有找到感觉，他们觉得自己不能再去试错了，**所以当时就想请我们来给他们做咨询。

自己实践了两年，但是一直没有找到感觉，他们觉得自己不能再去试错了。

王利芬：你们认为他的企业用定位的方式解决问题，真的会起死回生吗？

谢伟山：刚开始接触时没有这个感觉，我们对于承接客户是非常保守和谨慎的，一个组织完全转型做新项目，以我们以往的经验来看我们是不接的。但是我们确实被这个组织的团队精神、创业的历史，以及他们在创业的路途中层出不穷的创新成果所感染。我相信他们在转型的应急时刻，有成功的可能性，所以当时我们破天荒地答应了协助他们做战略。

王利芬：给他们做定位战略分析，是从哪里出发的？后面是怎么展开的？

谢伟山：这个很有趣，很多企业家在转型的时候，在面对困难的时候，他们的目光都是往内看的，比如看看还有多少资源，还有什么样的技术，还有什么样的项目，还有什么想法没有去实施。

但是我们协助企业家要目光往外看，更深入的是从消费者的心智中、从消费者大脑的地形地貌中去找到竞争机会，把竞争机会锁死以后，再用它来指导企业的运营，所以我们是从外部视角来做这个事情的。

王利芬：最后从外部视角看到的结果是什么？

谢伟山：最后看到的结果是机会还是存在的，但是要拿到这个机会非常不容易。因为金融业是一个几十万亿的大市场，传统的金融机构财雄势大，网点到处都是，他们的团队非常强大，资金也非常

> 顾客的心智非常懒，一旦品牌在顾客心智中与某一个品类或特性画上等号，心智就会对其他品牌产生屏蔽效应，品牌在认知中的竞争优势就形成了。

案例点评

只有摸清了心智的规律，才能够将认知优势发挥到极致，达到让你的品牌走进顾客内心世界的目的。

雄厚。我们可以看到各大互联网巨头在金融领域都有所布局，而且他们的规模已经做得非常大了。我们发现，在移动互联网领域，其实大家几乎处在同一个起跑线上。飞贷作为小贷领域中唯一的一家高新科技企业，他们通过技术手段在金融领域拿到一个位置、夺得一个机会，我认为这个可能性是存在的，只是技术的创新，尤其是金融技术的创新是一个世界难题。这就意味着飞贷敢于向这个领域的世界级难题宣战。

整个历程是感人肺腑的，整个团队的付出、取得的成果，在整个业界是闻所未闻的。包括他们的一些全球国际顶级的供应商来到飞贷以后，看到飞贷能够完成这样大的一个成果，他们都觉得不可思议。

王利芬：2015 年 3 月，自从唐侠决定要从外部思维来看企业的定位之后，他们决定去云南，统一思想做一款新的手机互联网产品出来，我定义为油菜花会议，就是他所谓的 "遵义会议"。请您给总结一下。

谢伟山：我觉得这个会议具有转折性的意义，作为一个科技含量很高，有很多知识分子的企业，**统一思想是做任何事情的前提。**唐侠先生很有智慧，他把整个组织带离深圳，带离他们的工作环境，来到一个风景优美之地，**让大家能够跳脱出以前的思维局限，站高一点，在企业之外看到企业的机会，**我觉得这个是很难得的。

他们能够在短短几天的会议中达成共识，我觉得这个是他们奠定胜局的一个非常好的开端。我们发现相当多的企业，其实不是没有看到机会，只是围绕着机会的争论、犹豫、不同意见的内耗太多，最后是内部的摩擦把自己给摩死了，把资源消耗殆尽，白白浪费了机会。

飞贷公司没有浪费一分一秒，他们昼夜不停地努力实现这个机会，我相信他们的速度，是普通公司的三到五倍。

王利芬：飞贷的定位就是确定做一款产品，然后去打技术战。但是这是很重要的一关，做一个随借随还的产品，怎样和用户沟通，怎样打造企业定位心智模式，这方面你们是怎么进行系统性思考的？

谢伟山：几乎所有的技术性公司都输在最后一公里上，其实他们都能够拿出好的产品来，拿出有价值的东西来，但是在最后一公里"产品变成商品"时出现了问题。**企业的产品如何变成消费者手中的商品，很多企业没跳过去，原因是很多企业家懂技术但不懂市场，懂产品但不懂营销。**

作为飞贷的战略顾问，我们帮他们完成最后一公里的护航，让他们的新东西能够被顾客高效地认知，然后我们通过营销传播的手段，通过公关的手段，**让顾客对这个产品有使用的动机、信心和动力，**我们给他们提供了最专业的知识。飞贷的产品一旦成熟推向市场的时候，在市场端的发展他们也没有停顿，没有受到任何阻力，一马平川地跑了出去。

> 当你的品牌无法被消费者清晰接收、描述和分享的时候，你的麻烦就大了。应对过度传播的最好方法，就是尽量减少信息，最好用一个词占领心智，越简洁越好。一定要削尖你的信息，使其能切入人的心智。

在短短的半年内增长了 30 倍，在一年内增长了 76 倍。

王利芬：这个时候系统性的思考和打造心智模式有一些具体的做法，比如分众电梯广告、发布会、金融教授的背书、手机 APP 贷款模式等，咱们一个一个地说。

谢伟山：具体的做法是这样的，首先**对于任何一个新业务，都要为这个新业务、新技术、新产品命两个名。第一个名是品类名，**这个新东西到底叫什么名字，它的品类名叫手机 APP 贷款，因为它是全球手机 APP 贷款的开创者，顾客不再需要与金融机构见面、提供纸质资料，因为通话记录、征信记录、银行交易记录、身份证信息的真实度等，都可以通过技术手段进行了解。

客户通过手机 APP 贷款，省去了非常复杂的环节，可以在任何时间、任何地点完成交易。我们在给它命名时需要解决两个问题。第一个问题，由于竞争过度，很多的从业人员其实素质并不高，当客户逾期之后，他们的催款手段是非常粗俗的，导致小额贷款公司在消费者的心智中就像高利贷一样，对整个行业有负面的认知。

我们的第一个任务是让飞贷从这个充满负面认知的行业里面跳脱出来，所以我们把这个产品命名为手机 APP 贷款。这与传统的小贷公司在品类的命名上有所区别。

第二个不一样是手机 APP 贷款的字眼，一方面它代表着高科技、移动技术、一种新的贷款模式，给客户一种比较科技化的感觉。另外一方面是它非

《人性论》的作者大卫·休谟说过："人类的人性几百万年来都没有改变过。"我们掌握了顾客的心智规律之后，要运用这些规律，去调动人心的力量。

常好理解，就是一个通过 APP 来贷款的软件。这个品类命名同时解决了两个问题，一方面让消费者对小贷公司的负面认知降到最低，另外一方面让消费者对这个新业务有一个最好的理解。

第二个命名是品牌的命名。飞贷以前叫中兴微贷，由于中兴这个企业太有名了，很多人知道中兴是做通信设备的，一个做通信设备的企业进入金融领域，很多客户会觉得不纯粹，不是专家。**而消费者更愿意跟专家打交道，**比方买空调，要买格力的，因为在消费者的认知中格力专做空调；买电视，要买 TCL 的，因为在消费者的认知中 TCL 是做彩电的。

所以，**一个专家品牌，天然地会比通用品牌具有竞争力。**

我们建议必须改一个品牌名。"飞贷"的飞字，本身有飞翔的意思，又代表速度快，暗示着客户找飞贷办理贷款业务处理速度是很快的。

品类和品牌的命名，是让企业的新业务、新技术、新服务跟客户进行高效沟通的第一步。

第二个问题是解决用什么媒体来沟通。2015 年下半年，我们在深圳专门做了一个测试，对深圳的各种媒体进行投放，像电视、电台、户外、电梯媒体等。测试结果发现电梯媒体效果最好，这点是出乎我们意料的。作为战略竞争专家，我们服务了很多企业，以前我们用电视媒体非常多，但没想到深圳的电梯媒体效果最好。

所以整个 2016 年，我们 75% 以上的费用全部投在电梯媒体上。我们和分众集团合作，在全国进

品类和品牌的命名，是让企业的新业务、新技术、新服务跟客户进行高效沟通的第一步。

行了五轮广告投放，结果 2016 年飞贷的业务增长了 76 倍。

有了产品名、品类名，但是整个的广告信息该如何布置，是非常关键的。我们可以看到在电梯里面有相当多的电梯海报，但是从我们的角度来看，**90% 的广告不会给企业带来销售，也不会给企业带来竞争力，因为它整个信息布置的内容错了。**

大量的促销信息，大量的形象广告，很多时候不会打动客户去购买。我们告诉大家，手机 APP 贷款找飞贷，用这种方式直截了当地告诉客户飞贷是做什么的，然后再叠加上信任状——唯一入选美国沃顿商学院的中国金融案例，再让讲授这个金融案例的教授做形象代言人，也放在电梯海报的画面上。这样的一个组合，让客户觉得飞贷是一个高科技企业，在技术的原创方面已经具有国际水平。

当这个广告打出去之后，很多人一想到飞贷，就会想到这句话，就会想到上面有一个外国老头，可见这个信息是深入人心的。我觉得第三步是帮助飞贷把最后一公里护航完毕。

王利芬：我们看到唐侠在 1.0 版本的发布会上有一段话很有意思，他讲道：94% 的企业是得不到银行贷款的，那么飞贷干的就是这样一件事。他的这种交流对于用户心智的打造起一个什么样的作用？

谢伟山：这样讲会和用户产生深深的共鸣，因为中国有 90% 以上的小微企业得不到有效的金融服务。而大家知道资金是企业的血液，如果这么重要的群体贫血、供血不足的话，中国经济就会戴上一

我们每天要接触 3000 多条广告，这么海量的广告导致我们面对任何一个广告时，都不屑一顾，甚至抗拒。这个时候该怎么办？需要把我们的战略，转化成像钉子一样简洁的信息。

个沉重的枷锁。

唐侠说，飞贷就是为这群人去打造的，是为他们服务的，协助银行把银行的钱安全、有效、快速、随时随地地让小微企业都能用到，让小微企业贫血的问题得以缓解，我觉得它具有巨大的社会价值。

唐侠通过这样一个伟大的创新，通过这样一个了不起的新品牌、新技术，为社会做了巨大的贡献。这一点也让很多金融行业的记者、经济学家、企业家非常感动。

王利芬：他们做了 1.0、2.0、3.0、4.0，每一次都会有一个发布会，**发布会的功能是什么？**

谢伟山：这也是我们为飞贷护航最后一公里的设计。**今天是信息时代，消费者被信息掩埋。信息已经完全粉尘化了，消费者的周围充斥着太多的信息，导致人们已经远离电视，不看报纸、杂志了，光自己手机里的信息就看不完。**

在今天这样一个信息过度的时代，如何让一个新品牌、一个新业务、一个对社会有价值的新技术，被它的用户所感应到呢？

我们发现光靠广告传播还不够，所以我们还做了另外一种形式，就是及时召开新闻发布会，把我们的技术创新、顾客价值、在这个领域所迈进的每一步的努力和成果，系统地告诉大家，通过媒体的声音再往外扩散，这种形式变得非常重要。

在中国，有些互联网企业平均每天开一场新闻发布会，这是为什么呢？

传统市场调研假设消费者的购买决策是理性的、动机明确的，认为消费者是真正的专家。但实际情况并非如此，人们的消费行为在很多时候并非理性。

案例点评

因为在移动互联网时代，大家通过移动手机获取信息，开发布会是一个最好的提供信息源的方式。而我们的发布会和普通发布会的不同在于，我们更懂得发布会的信息应该怎么去进行有效的组织，哪些信息该传递，哪些信息没必要传递，整个的流程该怎么走，会议的主体应该是什么，里面的高潮应该是什么。

因为我们对消费者的这种信息吸收的规律非常了解，所以我们帮飞贷所规划的四场发布会里面的主体，我们发给新闻媒体通告的标题，都是精心设计的。**整个文章的架构怎么去编排才会点击率更高，顾客看完之后的印象会更深，我们都进行了非常专业的测算。**

每一次新闻发布会后，飞贷的业务数据都达到历史新高，还有两次新闻发布会后，飞贷的服务器被挤瘫痪，光纤被挤爆。

王利芬：飞贷相当于一匹黑马，与另外三匹马竞争。

谢伟山：飞贷经过 2016 年狂奔，增长 76 倍以后，在一年内超越了 3000 多个互联网金融同行，现在已经直抵蚂蚁金服、微众银行和平安集团，排在飞贷前面的只有这三个集团。

现在的战局发生了一个微妙的变化，飞贷与这些集团相比，它的起步实在是太低了，飞贷所要争夺的手机 APP 贷款，其实已经被别人跑在前面了。尽管飞贷已经是四强之一，但是它要进发的那个目标已经被别人插上了旗子。所以我们现在要帮飞贷

商业调研要忘掉商业模式，忘掉技术，忘掉标杆，清空自己，切换到用户视角，去体验产品或服务的每一个步骤。

转换到另外一条跑道上，不要和另外三家硬抢这个位置，我们不能抢，只能巧取。**飞贷接下来的战略是让它的广告语发生变化，告诉客户飞贷和别人的不同在哪里。**

王利芬：在我采访的过程中谈到现在最要命的问题就是资金问题，这相当于建构心智模式后的最重要的生产出现了问题，就是产品跟不上。

谢伟山：飞贷做的业务叫助贷模式，就是通过互联网手段协助银行更安全地、更高效地，在对安全负责的前提之下，把钱贷给中国的小微企业。这种模式在今年就遇到一个危机，就是银根紧缩，银根紧缩之后银行暂停提供资金，导致飞贷的资金出现了巨大的压力。

我觉得**企业在发展一个新事物的时候总会有一些意外，这些意外如果不能提前防范，或者不能得到有效解决的话，就会转变成企业的风险**。在飞贷发展过快以后，资金端确实成为目前的一个短板。但是我相信随着时间的推移，随着政府对飞贷助贷模式的理解和对它的社会价值进行更多的评估以后，会有更多的钱提供给飞贷的这种助贷模式，会帮到更多的中小企业去发展。

王利芬：这个资金短板是不太容易克服的，**现在是很麻烦的一件事情？**

谢伟山：是的。在我们协助飞贷的这两年里，市场发展一直都非常顺利，我们前面的对手只有三驾马车，但是有一个意想不到的困难出现了，就是它的资金供应方出了一些问题。飞贷是一种助贷模

企业在发展一个新事物的时候总会有一些意外，这些意外如果不能提前防范，或者不能得到有效解决的话，就会转变成企业的风险。

案例点评

式，协助传统金融机构，把钱通过飞贷的风控技术、网络技术，高效地、随时随地地给到那些有需要的小微企业，供他们去发展。

这里面的核心环节在资金端，飞贷在经受严峻的考验，因为国家对金融行业的监管是非常严厉的，国家绝对不会允许金融风险的出现，使得飞贷出现了资金上很紧张的情况，这是其一。

其二，由于移动互联网 P2P 的发展，3000 多家互联网金融企业绝大部分都涉足了 P2P。现在来看，国家是要严令禁止 P2P 的，因为它是一种变相的非法集资。P2P 的蔓延给社会造成了伤害，造成了这种资金上的损失，国家正在严管这个。飞贷尽管没有涉足这个领域，但是它作为一个互联网金融企业，也受到了很严重的监管，这给飞贷的资金端造成了很大的压力。

第一是监管压力，第二是银根紧缩，这双重压力使飞贷今年尽管在市场上一马平川，发展得很顺，**但是现在资金方面供给不上，成了飞贷的一个最大的难题。**

王利芬：有信心能解决吗？

谢伟山：短期之内很艰难，但是我相信飞贷的这种助贷模式，毕竟能够让银行过多的闲散资金被几千万家小微企业有效地使用，这种助贷模式对社会的价值，对当代经济的价值，一定会随着社会的进步，随着金融业的改革开放，被慢慢认识。**但是这条路到底有多长谁也说不好，可能还需要飞贷人继续坚持。**